Fester Schritt, weites Herz

Gerhard Engelsberger

Fester Schritt, weites Herz

Ein Begleitbuch für Reisende

Verlag und Buchhandlung der
Evangelischen Gesellschaft GmbH, Stuttgart

Inhaltsverzeichnis

Ich bin frei,
frei wie ein Kind.

An deiner Hand, Gott,
schnüre ich ein leichtes Bündel
und gehe auf Reisen.

Vorwort

In der Bibel ist immer wieder die Rede davon, dass Menschen unterwegs sind. Sie sind eingeladen oder gezwungen aufzubrechen: »Da machte sich auf auch Joseph aus Galiläa« – und andere mit ihm. Sie machen Erfahrungen, die ihr Leben verändern. Die Ortsveränderung wird zur inneren Reise. Vielleicht kann man sogar sagen: Mancher weite Weg in der Bibel beschreibt tatsächlich eher eine innere Reise als eine in Kilometern zu messende Ortsveränderung. Wie schon das Unterwegs sein in biblischer Zeit, so sind auch heutige Reisen innere »Erfahrungen«, sofern wir diese zulassen.

»Mancher hinterm Ofen sitzt und dabei die Ohren spitzt,
kein Stund fürs (vor das) Haus ist kommen raus.
Den soll man als G'sell erkennen oder gar ein Meister nennen,
der noch nirgends ist gewest, nur gesessen in seim Nest?«

Das alte Fahrtenlied der fahrenden Gesellen macht deutlich: Wer in seinem Leben innerlich reifen will, wer sein Leben »meistern« will, kommt hinter dem warmen Ofen hervor, streckt seine Nase in den Wind, macht sich auf, sucht Erfahrungen und geht auf Reisen.

Gut, wenn man dabei Begleitung hat.
Gut, wenn man nicht alleine ausgesetzt ist.
Gut, wenn man Erfahrungen austauschen kann.
Gut, wenn man nicht orientierungslos reist.

Dieser kleine Reisebegleiter soll Sie bei all den neuen Erfahrungen und Entdeckungen auch immer wieder zu Ihnen selbst zurückführen und ihrer Seele Gelegenheit geben »nachzukommen«.

»Adieu« wünsche ich Ihnen, gehen Sie »mit Gott«. Oder wie es die Bibel immer wieder sagt: »Gehe in Frieden. Der Herr hat Gnade zu deiner Reise gegeben.«

Gerhard Engelsberger

Reisen macht Sinn

Alles fließt, sagen die weisen Alten, und meinen damit das Leben. Alles sei im Fluss, alles Lebende sei in Bewegung. Was nicht mehr in Bewegung sei, sei tot. Diese simple Erfahrung gewannen sie aus der Beobachtung der Natur: Alles Lebende bewegt und ist bewegt. Die Reise ist ein altes religiöses Bild für die Erfahrungen der Seele auf dem Weg zu sich selbst, zum Sinn des Lebens, zu Gott. Die Reise führt weg und führt wieder zurück.

Das eigentliche Ziel der Reise, wenn es sich nicht um einen Umzug handelt, ist dein Zuhause. So erzählt es eine in vielen Variationen überlieferte Geschichte: Zwei Mönche fanden auf ihrer Suche nach einem erfüllten Leben in einem alten Buch den Hinweis, es gäbe einen Ort, an dem Himmel und Erde sich berührten. Wer diesen Ort fände, fände damit auch das Glück des Lebens. Als einziges Zeichen war vermerkt, an dem Ort sei eine Pforte, durch die man nur einzutreten bräuchte. Im Übrigen würde man schon merken, wenn man angekommen sei. Jung und gesund, wie sie waren, machten sie sich auf die Reise. Der Weg führte durch viele Länder, durch viele Türen, in viele Häuser, doch nirgendwo fanden sie die eine Pforte, die sie suchten. Zwischenzeitlich waren sie alt geworden. Die Wege wurden kürzer, der Horizont rückte näher. Da sahen sie auf dem Weg, fast schon in der Dunkelheit, ein Licht. Sie kamen langsam näher und standen vor einer Pforte. Sie spürten: Wir sind am Ziel. Bangen Herzens öffneten sie die Tür – und standen in ihrer eigenen Zelle, die sie vor vielen Jahren auf der Suche nach dem Glück ihres Lebens verlassen hatten.

Dann kannst du ja gleich zu Hause bleiben,
sagt Freund Stubenhocker.
Nein, sagt der Reisende, es kommt ja ein anderer
zurück als der, der ging.

Nicht nur in dem oberflächlichen Sinn, dass ich meiner Bildung etwas Gutes getan habe, die schroffen Felsküsten der Bretagne, die Mittsommernacht des Nordens, die chinesische Mauer oder die Pyramiden im Tal der Könige mit eigenen Augen gesehen habe. Mehr: Ich habe die Geräusche gehört, die Gerüche gerochen, die Klänge vernommen, die Stimmungen tief in mir bewahrt. Ich habe die Mauer bestiegen, das Tosen des Windes gehört und die Steine berührt. Und wenn ich wirklich dort war, nicht nur en passant (im Vorübergehen) kurz vorbeigeschaut habe, dann werden mich diese Erfahrungen so prägen, dass am Ziel der Reise ein anderer ankommt, ein im besten Sinn »weiterer«.

Aber dann hat die Reise nie ein Ende, höre ich den Grübler nörgeln. Der Schreiber des Hebräerbriefes fasst die Tragik menschlichen Lebens in bekannte, oft wiederholte und abgegriffene Sätze: »Wir haben hier keine bleibende Stadt, sondern die zukünftige suchen wir.« Auf der Suche nach Heimat findet der Mensch Bleibe, mehr nicht. Alles geht vorüber, alles fließt. Wohl dem, der Loslassen geübt hat. Er wird im Wasser und im Weg Schwester und Bruder entdecken. Auch wenn er beim Abschied weint. Jesus hat unterschieden zwischen dem, der jetzt eine Bleibe braucht, und dem, der aufbrechen muss. Die Kunst des Erdenlebens, der Sinn – der Begriff kommt von »sinnan« und das bedeutet soviel wie »Reise« oder »Weg« –, der Sinn des Lebens ist es, zwischen Bleiben und Aufbrechen das eigene Maß zu finden. Dabei ist der »Sinn« nicht selten auch eine »Sendung«. Das sagt uns nicht nur das Wörterbuch. Das sagt uns auch die eigene Erfahrung. Will ich meinen Sinn finden, dann muss ich dazu auch geschickt sein. Und wie oft hat man mich zu meinem Glück zwingen müssen?

Immer nur unterwegs fühle ich mich unwohl, meint der Gewohnheitsmensch. Allerdings: Es gehört zum Missgeschick des Wanderlebens, dass man in fremden Städten aufwacht, auf die man sich nicht besinnen kann, und in Zimmern, in denen man sich nicht auskennt. Der Lichtschalter ist nicht zu finden ... Jesus sagt es so: »Die Füchse haben Gruben, und die Vögel unter dem Himmel haben Nester; aber der Menschensohn hat nichts, wo er sein Haupt hinlege ...« (Matthäus 8, 20) Es ist unsere Reise. Unser ureigener Weg. Und darum auch unser Ausland, »e-lend« nennen es die weisen Alten und meinen damit all die Orte jenseits von Eden. Kein Gott ergeht sich dort in der Abendkühle. Dort isst der Mensch sein Brot im Schweiß seines Angesichts, dort keimt in der Gluthitze der Gedanke an Rache und Mord, dort werden Waffen geschmiedet und Pläne zu ihrer Verwendung. Dort zerbrechen Familien und Hoffnungen, wird die Arbeit zur Fron und der aufrechte Gang zur Provokation. Dort ist Elend. Ausland für die Seele und Wüste für die Liebe. Laute Nächte betäuben im Rausch die Angst, stille Nächte brechen in ihrer Einsamkeit über müde Menschen herein wie das Meer über das Boot, losgerissen vom Anker, fernab von jedem Hafen. Doch steckt in jedem ein Rest Hoffnung auf einen Hafen, er möchte an Land gehen, Wurzeln schlagen, bleiben.

Alle Erfahrung hat ein Ziel. Es ist einerseits die größtmögliche Weite und andererseits der kleinste, mir gewährte und zugehörige Platz. Erfahrung ist nicht alles. Der Reisende möchte ankommen. Er trauert, wenn ihm das nicht gelingt.

Glückliche reisen. Reisen macht Sinn, und führt damit, wenn das Reisen gelingt, zum Glück. Wer den Sinn sucht, seinen Weg durch die Jahre, mit den Menschen, in einsamen und geteilten Zeiten; wer angesichts der vielen verlockenden Ablenkungen den einen Weg sucht, auf dem er seinen wesentlichen Menschen begegnet, seine wesentlichen Gaben einbringen, seine wesentlichen Träume leben, »seinen Gott« finden kann, der macht sich auf und reist. Er wird seine Wege nicht nur oberflächlich gehen, wird sich nicht mit Ansichten begnügen, sondern wird voll Vertrauen hier und dort eins werden wollen – mit lieben Menschen, mit Orten, mit Geschichten, mit sich selbst und mit Gott.

Wohl dem, der am Ende seiner Reise die Weite erlebt. Mose durfte sie sehen, aber nicht betreten. Franziskus fand sie in der Bescheidenheit seiner Portiuncula, Juliana von Norwich in der Mütterlichkeit Jesu, Heinrich von Seuse in der Liebe zu Jesu Wunden. Augustinus betet: »Du hast uns zu dir hin geschaffen, und unser Herz ist unruhig, bis dass es Ruhe findet in dir.« Wir sollten Orte suchen, an denen wir uns niederlassen können, ohne bleiben zu müssen. An denen man uns die Weite nicht neidet, den Mut nicht nimmt und den Glauben nicht abspricht.

Woran erkennt man einen Christen? Vor Jahren habe ich auf diese Frage – berechtigt oder unvorsichtig – anderen ins Stammbuch geschrieben: »Einen Christen erkennt man an seinen Lachfalten.« Heute weiß ich, dass man Lachfalten und Sorgenfalten nicht unterscheiden kann. Nur die Seele kennt den Unterschied. Die Seele macht die Erfahrungen.

Manchmal, Gott, bist du mir näher, als ich dachte.
Manchmal bin ich dir näher, als ich ahnte.
Meine Gedanken suchen deine Antworten.
Meine Fragen suchen eine Hand, die bleibt.

Deine Liebe hat mich aufgerichtet,
höher als die Sonne,
wärmer als der Tag.
Mit offenen Händen
sage ich dir Dank.

Am Abend
ist der Weise zurückhaltend
und der Gläubige
ruht in deiner guten Hand.

Reise, Weg und Wagnis – Blättern im Bedeutungsdschungel

»Weg« hat etwas mit »wagen« zu tun. Das behaupte ich. Das ist meine Erfahrung. Etymologisch, sagen die Kundigen, hätte das »Wagen« etwas mit der »Waage« zu tun. Ich bleibe dabei: »Wagen« hat etwas mit »Weg« zu tun. Meine eigene Lebenserfahrung steht dafür.

An jeder Kreuzung beginnen die beiden Bilder zu verschwimmen. Sie werden eins. Das Leben macht die Kreuzung, die Weg-Station, zur »Wäg-Station«. Ich muss abwägen, in welche Richtung ich gehe. Tausende von Entscheidungen täglich. Wir treffen sie »instinktiv«, unbewusst. Wissen, was richtig ist und falsch. Wissen, was nützt oder schadet. Wissen, welche Bahn wir nehmen müssen, um an unser Ziel zu kommen. Haben den Fahrplan befragt, den Schaffner oder einfach unser »Gefühl«.

Dann wieder spüre ich, wie mich der Instinkt verlässt oder wie mein Gespür allein nicht weiterhilft: Bei der Entscheidung für eine Partnerin, einen Partner, für ein Kind; bei der Wahl des Berufes oder der Entscheidung für einen Wohnort versagt der Instinkt. Ich muss abwägen. (Ab)wägen ist etwas anderes als Rechnen. Ich habe das Bild aus der Kindheit vor Augen, wie mit

Gewichten das Abfüllen von Mehl, Zucker oder anderen Lebensmitteln seine Zeit brauchte. Wägen dauert. Und das ist gut so. An Kreuzungen spüre ich, dass Weg, Wagnis und Waage viel miteinander zu tun haben.

Wie oft stand ich an einer Kreuzung. Wusste nicht, ob die Ampeln funktionieren oder ob der Verkehrspolizist schläft. Musste mich vor-»wagen«, die Nase in den Wind stecken, erste Schritte tun. Hatte keine Ahnung, was mich jenseits der Kreuzung erwartet. Hatte Angst vor Enttäuschungen, Sorge um die Zukunft. Suchte hier Rat und dort Trost. Suchte Rat und Trost bei »Erfahrenen«, möglichst bei solchen, die nicht nur *einen* Weg kannten, sondern auch kundig waren auf Umwegen, auf Rückwegen. Die erzählen konnten von eigenen Fehlern. Ja, eher die waren mir Ratgeber. Nicht die, die schon mit fertigen Landkarten ankamen. Eher die, die mit mir neue Landkarten zeichnen wollten und an Kreuzungen mit mir innehielten und wogen. Manches, was mir wichtig war, wurde von ihnen für »leicht« empfunden. Anderes verlor an Schwere, wenn sie ihre Erfahrung mit mir teilten. Doch immer blieb der Ausgang offen, gab es nicht nur den *einen* Weg, blieb das Leben offen. Mir sind alle die verdächtig, denen die Schönheit der Umwege fremd bleibt, die alles schon kennen, bevor sie es erfahren haben. Die nicht mehr staunen, weil sie schon wissen. Die selten staunend »ah« sagen, aber häufig kritisch »aber«. Die sich eigentlich nur zur Bestätigung ihres Wissens auf den Weg machen.

In China habe ich ein Sprichwort kennen gelernt: »Einmal sehen ist besser als tausendmal hören.« Was bedeutet: Einmal erleben ist besser als tausendmal darüber lesen oder davon erzählt bekommen. Keiner kann stellvertretend deine Erfahrungen machen. Das ist tragisch. Aber das ist so.

Ich bin mir sicher, dass fernab jeder Wissenschaftlichkeit jeder »Weg« ein »Wagnis« ist, jede Reise »wegführt«, Richtung und Ziel in Zweifel stellt. Das macht jede Reise spannend. »Wenn einer eine Reise tut, dann kann er was erzählen«, sagt der Volksmund. Ich ergänze: »Wenn einer eine Reise tut, dann muss er was riskieren.«

Woher kommt eigentlich etymologisch das Wort »Reise«? Im Germanischen hat »reisen« zwei Bedeutungen: Einmal bedeutet es »aufheben, aufstehen«, sich aufmachen, aufrüsten, zurüsten. Darin ist es mit dem Englischen »rise« verwandt. Wenn die Sonne aufgeht, sprechen die Angelsachsen vom »sun-rise«. Selbst die Sportart »Reißen« beim Gewichtheben erinnert noch an diese alte Bedeutung. Dann aber wird die Bedeutung militant: »Reisen« bedeutet in altem Deutsch auch »einen Kriegszug unternehmen«. »Reise« ist der Aufbruch zum Krieg. Wenn sich ein »Ritter« – der reisende Reiter – auf die Reise machte, dann zog er in den Krieg, hatte sich gerüstet und sich aufgemacht. Erst später wird »Reise« allgemeiner, in unserem heutigen Sinn verstanden als »Bewegung von Ort zu Ort«.

Zu den beiden genannten Bedeutungen des Reisens tritt eine dritte: die Beschwernis, die Qual, die mit der Reise verbunden ist. So nennt man im Englischen eine längere Reise, zumal in fremde Länder »travel«. Dies wiederum führt sich interessanterweise zurück auf das französische »travailler« (arbeiten, bearbeiten) beziehungsweise auf das romanische »trepilare, tripiliare« (foltern, und zwar mit dem »trepalium«, mit einem »Dreistock«). Die Einzahl des französischen »travail« (Arbeit) kennt einen doppelten Plural: »traveaux« (Arbeiten) und »travails« (Folter). Wir spüren: Reisen machte Mühe, brachte Qualen mit sich und wurde gelegentlich gar als Folter empfunden.

Wandern wir bei der Wortbedeutungssuche noch etwas weiter: Eine kleinere Reise wird man im Englischen wie im Französischen »voyage«, im Spanischen »viajar« nennen. Dies kommt aus dem Lateinischen »viaticum« und bedeutet schlicht »den zu gehenden Weg«. Ähnlich unspektakulär die Herleitung von »journey«. So bezeichnet man eine »Tagesreise« (lateinisch »diurnum«). Allerdings hat das französische »journee« noch beide Bedeutungen: Tagesarbeit und Tagesreise, steht aber auch einfach für einen Tag.

Im Hebräischen, der Sprache des Alten Testaments, kann der Begriff »däräkh« den Weg bezeichnen, aber auch die Reise, Unternehmung, und Kriegszug. »däräkh haláhk« heißt dann »reisen«, wörtlich »einen Weg gehen«, »einen Weg trampeln«. Im Grunde ist eine Reise ein verlängerter »Trampelpfad«, auf dem einer in den Fußstapfen, in den Spuren seiner Vorgänger geht. Es gibt darüber hinaus noch eigene Begriffe für »Wallfahrten«, »aláh« (»hinaufziehen«; denn das Heiligtum liegt stets auf dem Heiligen Berg, auch wenn der nicht so hoch ist), oder für die Reisen der Nomaden, »nasá«, hier ist die Grundbedeutung das Herausreißen und Herausgerissenwerden aus den bisherigen lokalen und personalen Bindungen. Der bekannteste Begriff im Griechischen, der Sprache des Neuen Testaments, ist »poreuesthai«, im Grund seiner Bedeutung alles, was mit »vor oder voran« zu tun hat: vorangehen, voranschreiten, also machen, dass etwas vorankommt. Runden wir diese Reise durch den Bedeutungsdschungel ab mit einem Blick auf die Chinesischen Schriftzeichen, die für Reise stehen: Lue You. Mein Freund Yang Xiaojun, sympathischer Reiseleiter für halb China meinte: Das erste Zeichen steht für »Gast sein«, das zweite für »angenehm gehen, bummeln«. So verstehe ich auch meine chinesischen Freunde besser: Sie kämen nie wie unsereins auf die Idee, freiwillig einen Berg zu besteigen oder eine längere Wanderung zu unternehmen. Selbst in Tibet hielt man uns, die die Berge fast magnetisch anzogen, für verrückt: Warum zu Fuß gehen, wenn es Autos oder Sänften gibt? Wo wir uns Strapazen auferlegen, wollen sie angenehm bummeln und Gast sein. So waren auch nicht Tibeter, erst recht nicht die tibetischen und nepalesischen Mönche aus den hochgelegenen Klöstern die ersten auf den Gipfeln des Daches der Welt, sondern Europäer und Amerikaner. Dies nicht nur, weil die Berge heilig waren, sondern schlicht, weil das Besteigen so »unangenehm« ist.

Hongbing Wang, ein zweiter chinesischer Freund, notierte mir auf einem Flug von Frankfurt nach Kairo irgendwo über den Alpen die Schriftzeichen der Worte Lue You. Er deutete sie anders: Da kommen «Wasser« und »Quadrat«, »Person« und »Kopfbedeckung« vor. Er übersetzte all die geheimnisvollen Zeichen so: »Reisen« bedeutet auf Chinesisch: »Viele Leute mit Hut betreten zusammen ein Gebiet.« Gefragt, wer die Leute mit Kopfbedeckung denn seien, meinte er, das sei das Heer. Womit wir wieder am Anfang unserer kleinen Reise durch den Bedeutungsdschungel wären.

Heute sind wir nicht mehr militant unterwegs, müssen uns in der Regel auch nicht quälen. Selbst harte Strapazen nehmen wir freiwillig und gerne auf uns, würden nie von Folter sprechen. Wir begegnen allenfalls Fremden, aber nicht Feinden. Wir sind »unter-wegs«, wagen aber nicht unser Leben. Und dennoch ordnen wir vor einer längeren Reise unsere »Angelegenheiten« und nehmen auf besondere Weise Abschied. Auch das ist gut so, erinnert es uns doch daran, dass jeder Weg ein Wagnis ist. Doch ohne Wagnis kein Leben.

Franz Hohler, der genial grüblerische Schweizer Kabarettist, erzählt auf seine Weise, was ich meine: »Unter einem Sauerampferfeld lebten zwei Regenwürmer. Tag für Tag gruben sie Gänge unter dem Sauerampfer, warteten, bis etwas Regen von oben herunterdrang und ernährten sich von Sauerampferwurzeln. Eines Tages sagte der eine zum anderen: Du, mir reicht das jetzt, immer nur unter diesem Sauerampferfeld mit Sauerampferwurzeln und in dieser Dunkelheit! Ich möchte hinaus in die Welt und etwas erleben. Sprach's, packte sein Köfferchen und grub einen Gang zur Erdoberfläche. Was war das für ein herrliches Gefühl, die Sonne, die Gräser, die Schmetterlinge, die Gerüche und Geräusche. Tief atmete er durch und machte sich auf den Weg. Er kam – leider – nicht weit. Schon kurz vor dem nächsten Feldweg war eine Amsel und fraß ihn auf. Der andere Regenwurm jedoch blieb treu und brav unter der Erde, wo es dunkel ist, ernährte sich von Sauerampferwurzeln und Sauerampfersaft. Er wurde auch nie von einer Amsel gefressen und blieb die längste Zeit am Leben. Aber sagt mir selbst: Ist das ein Leben?«

Keiner wird Sie fressen auf Ihrer Reise, die Sie mit anderen angetreten haben. Sie sind auch nicht auf dem Kriegspfad. Sie werden nicht gequält oder gefoltert. Sie dürfen sich freuen. Sie haben Ihr Bündel geschnürt. Ihnen reichen Ihre bisherigen Erfahrungen, die Bilder und die Bücher nicht. Sie haben sich auf den Weg gemacht. Haben sich eingestellt auf Überraschungen und sind offen für Erfahrungen.

Je leichter Ihr Bündel geschnürt ist,
umso beweglicher sind Sie.
Je weiter Ihr Horizont ist,
umso weniger kann man Sie enttäuschen.
Je offener Ihr Visier,
umso weiter Ihr Blick.

Adieu, arrivederci und goodbye

Wer wegfährt, verabschiedet sich. Wer für Wochen wegfährt, verabschiedet sich anders, als wenn man sich schon morgen wieder sieht. Ich habe mich etwas kundig gemacht, wie Menschen sich verabschieden.

Meist heißt das »Auf Wiedersehen«, auf Italienisch »arrivederci« (»bis zum Wiedersehen«) oder auf französisch »au revoir« (»Auf Wiedersehen«). »Hasta la vista« sagt man im Spanischen und gibt sich beim Abschied einen Kuss auf die Wange.

Bislang nannte ich nur Abschiedsgrüße, die sich mit dem Wiedersehen derer befassen, die sich da verabschieden. Aber es gibt auch noch ganz andere Grüße. In Indonesien kreuzt man die Hände vor der Brust und verbeugt sich tief, je angesehener der andere ist, umso tiefer. Und man sagt: »S*e* lamat jalan«, das heißt »glückliche und heile Reise«. »Sayonara« auf Japanisch, das heißt nicht einfach »Auf Wiedersehen«, sondern wortgetreu: »Wenn es denn so sein muss«. Wenn wir also auseinandergehen müssen, dann »sayonara«, »wenn es denn so sein muss«.

»Adiós« sagt man auf Spanisch, »mit Gott«. Oder »Adieu« auf Französisch, »mit Gott«. »Goodbye«, sagen die Engländer und Amerikaner. Das ist mit Umgangssprache zusammengezogen aus »God would be with you« (»Gott möge mit dir sein«). Die Italiener haben aus »Adieu« beziehungsweise aus dem lateinischen Vorläufer »Ciao« gemacht. Und wir? Aus »Adieu« (»Mit Gott«) haben wir Deutsche »ade«, »tschüß«, »tschau« und »adele« gemacht. »Tschüß« heißt eigentlich »Mit Gott, Gott mit dir!« »Pfüet di«, sagen die Bayern »Behüt dich«, aber es ist nicht gemeint, »Behüt dich selber«. Ursprünglich heißt auch das »Pfüet di Gott«, »Behüt dich Gott«.

Abschiede sind wichtige Stationen im Leben der Menschen. Bei Abschieden bitten sie Gott um Geleit, um Segen, um gute Rückkehr, um ein Wiedersehen. Es gibt einen alten irischen Reisesegen. Ich mag ihn sehr. Er ist für mich seit Jahren im wahrsten Sinne des Wortes herzerfrischend:

Möge dein Weg
dir freundlich entgegenkommen,
möge der Wind dir den Rücken stärken.

Möge die Sonne dein Gesicht erhellen
und der Regen um dich her die Felder tränken.

Und bis wir beide, du und ich,
uns wieder sehen,
möge Gott dich schützend in seiner Hand halten.

Gott möge bei dir auf deinem Kissen ruhen.

Deine Wege mögen dich aufwärts führen,
freundliches Wetter begleite deinen Schritt.

Und mögest du längst im Himmel sein,
wenn der Teufel bemerkt, dass du nicht mehr da bist.

Mit Handgepäck unterwegs: Manna horten – ein Weg zur Weisheit

Sie alle kennen die Geschichte vom Auszug aus Ägypten. Sie wissen, dass die eben Freigekommenen in der Wüste stranden, und dass ihnen das Leben dort nicht passt. Zurück wollen sie wieder. Nach Ägypten. Dort gab es Brot und Spiele, Essen und Trinken, Ruhe und Sicherheit, wenn man seinen Mund hielt und tat, was die Herren dort wollten. Was war gegen die Fleischtöpfe Ägyptens schon die göttliche Speisekarte für die Wüste: Wachteln und Manna!

In diesem Zusammenhang gibt es eine kleine Episode, die mir schon immer gefallen hat. Die Israeliten bekommen jeden Morgen Manna, das Brot vom Himmel, und werden so jeden Morgen satt. Aber wie reisende Menschen so sind: Gottes Versprechen, dass es morgen wieder etwas zu essen gibt, gut und schön. Aber ich nehme in diesem unwegsamen Land, in dem man nicht einmal meine Sprache spricht, zwei volle Körbe mit, zur Sicherheit. Morgen ist auch noch ein Tag. Was man hat, das hat man. Und so machen sie Überstunden in der Wüste, sammeln und horten für zwei, für drei Tage, man weiß ja nie. Doch gerade das hatte Mose verboten: Verlasst euch auf Gott! Körbe voll, hinten ins Zelt, Tuch drüber. Wie die sich wundern am nächsten Tag, sich ärgern und hoffentlich auch ihre Lektion begreifen! In der Bibel steht lapidar: »Und etliche ließen davon übrig bis zum nächsten Morgen. Da war der Wurm drin und es stank.«

Ist das nicht herrlich, wie Gott uns da auf die Schliche kommt? Wir haben doch auch nichts anderes im Kopf, als Manna zu horten. Sonntags singen wir dann Lieder, die von Gottvertrauen überfließen. Gott hat uns schon längst durchschaut. Seine Antwort heißt: Da ist der Wurm drin. Das stinkt! Ja, so deutlich ist die Bibel. So unangenehm kann Gottes Wort sein. Nichts als Manna im Kopf. Wir sind kein Haar besser. Da ist der Wurm drin. Wer Manna hortet auf dem Weg zum Reich Gottes, traut dem Frieden Gottes nicht. Als Jesus damals seine Jünger auf den Weg schickt, selbstständig, ohne ihn, in eigener Verantwortung auf den Weg in sein Reich, da sagt er zu ihnen: Ihr sollt nichts mit auf den Weg nehmen. Weder Stab noch Brot noch Geld. Es soll auch einer nicht zwei Hemden haben. Ich habe nachgezählt. Zur Beruhigung der Hemdenindustrie und der Nasen in meiner Umgebung. Neun Hemden. Vier Koffer. Ein Auto. Ein festes Gehalt. Und ein großes Dach über dem Kopf. Wie ist das bei Ihnen? Es ist schwierig, jemandem etwas zu schenken, der schon alles hat. Aber das, was wir haben, ist Manna. Morgen ist vielleicht der Wurm drin. Und manches stinkt schon heute.

Weisheit

Sich mit Handgepäck auf eine Weltreise machen.
Über sich selbst fröhlich lachen können.
Sich freuen am Zusammenbrechen der Vorurteile.
Jedermanns Schüler sein, ohne an Versetzung zu denken.
Den Mund öffnen, bevor die Galle überkocht.
Unruhig werden bei zu viel Lob,
ruhig werden durch Kritik.
Das andere tun, nicht das Naheliegende.
Von Kindern lernen.
Staunen über den Flug des Falken,
lachen über den Schlupfwinkel der Maus,
keine passenden Texte suchen beim Lied der Grille.[i]

Berg und Tal, Fluss und Meer

Auf Reisen suchen wir die Weite, wünschen uns einen Überblick, eine Gesamtschau, steigen auf Berge und staunen über die Weitsicht, stehen am Meer und schweigen beim grandiosen Anblick eines Sonnenuntergangs. Ähnlich wie unter dem Firmament in einer sternklaren, wolkenlosen Nacht überkommt uns eine Ahnung von Ewigkeit, spüren wir große Gefühle, reden weniger, nehmen die Bilder in uns auf und sind »beeindruckt«: Die Bilder hinterlassen Spuren in uns.

Auch unsere »Seelenlandschaft« kennt Berg und Tal, Fluss und Meer. Wir reden von dem »Berg« vor uns. Die Aufgaben, die Herausforderungen scheinen unüberwindbar. In seelischen Krisen ist es wichtig, gemeinsam eine Landkarte für die unübersichtlichen Bergwege zu erstellen. Wir lernen, Berge von Hügeln zu unterscheiden, nehmen uns kleine Abschnitte vor, damit wir uns nicht übernehmen. Der Weg auf einen Dreitausender besteht aus unzähligen kleinen Wegen. Der Weg über einen Pass wird leichter, wenn man sich überschaubare Ziele setzt. Ist man auf der Höhe, auf dem Pass, dann wird die Seele frei. Mit dem Blick weitet sich die Brust, wir atmen auf, der ganze Mensch weitet sich. Blicken wir nun zurück auf die einzelnen Abschnitte, dann fügen sie sich zu einem Bild, ergeben sie einen sinnvollen Weg. Was uns vorher unübersichtlich schien und unüberwindbar, wird sinnvoll und scheint leicht.

Bei den Arapaho-Indianern geben die Alten als ihre Lebenserfahrung an die Jungen ein *Bild* weiter, das Bild von den vier Bergen. Der Reihe nach, so erzählen sie, kommt der Mensch zu diesen Bergen: Kindheit, Jugend, Erwachsensein, Alter. Hinter dem letzten Abstieg wartet die jenseitige Welt. Jeder dieser Berge ist steil. Jeder hat seine eigenen Herausforderungen und Gefahren. Aber bist du einmal oben, dann hast du eine Zeitlang einen ebenen Weg zu gehen. Du kannst den Berg »oben« erleben. Auf jedem Berg machst du von neuem die Erfahrung von Weite und hast dein eigenes Bild von der Welt. Als Kind, als jugendlicher, als erwachsener, als alter Mensch. So mühsam übrigens wie der Aufstieg ist nach der Strecke des ebenen Weges auf der Höhe auch jeweils der Abstieg. Es fällt schwer, meinen die Arapaho-Indianer in ihrer Lebensweisheit, den Berg Kindheit oder den Berg Erwachsenenalter zu verlassen. Aber man muss hinuntergehen, damit man dann vom Tal aus den nächsten Berg wieder besteigen kann. Als Jesus mit drei seiner Jünger auf dem Berg ist, auf dem »Berg der Verklärung«, da wollen diese dort Hütten bauen, bleiben, sich einrichten. Der Glanz, die Weite, die spürbare Gegenwart des Schönen haben sie gefesselt. Aber Jesus geht mit ihnen wieder den Berg hinab. Und er weiß, warum.

Auch Fluss und Meer haben mit unserer inneren Reise zu tun, sind Bilder unserer Seelenlandschaft. Alle Kulturen sagen auf ihre Weise: Du durchquerst nie zweimal den selben Fluss. Sein Wasser ist längst weiter. Wasser fließt stetig. Du durchquerst auch nicht als derselbe Mensch den Fluss beim zweiten Mal. Du bringst neue Erfahrungen mit, hast Altes abgelegt. Wasser will fliessen. Stehendes Wasser beginnt zu faulen. Wasser hinterlässt Spuren. Der Saum der Bäche, die Flussbette, die Ufer der Ströme und die Strände der Meere tragen Spuren wie ein Gesicht.

Ein unscheinbarer Bachlauf, nicht mehr als ein paar Tropfen, er wächst und weitet sich. Fließt ins Tal, wird ein Bach, ein Strom, spendet Lebenskraft und verliert sich in Meeren. Wasser zieht nach unten, sagen die Alten. Sie haben die vier Elemente klassifiziert: Wasser ist schwer, nass, kalt, abwärts strebend und leicht zerfließend. Sie stellten sich den ewigen, von Gott gewährten und bewahrten Kreislauf des Wassers vom Meer über die Wolken, den Regen, den Schnee und das Eis, über die Quelle, den Bach, den Fluss und Strom zurück ins Meer vor wie einen gleichzeitig Leben spendenden und reinigenden Prozess. Das Wasser reinigt die Erde, nimmt die Gifte, den Schmutz und das Böse weg, versenkt es in der Tiefe des Meeres. Aus dem Meer steigen Nebel und Wolken, regnen sich auf Bergen ab, frieren zu Eis, bilden Gletscher, aus denen dann wieder Wasser entspringt, geklärt durch das ewige Eis, gereinigt mit Jahrhunderte langer Geduld. So wäscht auch bei der Taufe das Wasser die Sünde ab, reinigt mit ewiger Geduld und Liebe den Menschen, gewährt und bewahrt ihm ewiges Leben.

Bei Ebbe sieht man die Spuren. Bizarre Gebilde, Spielball der Wellen, die Welt im Kleinen. Wasser in seiner ureigensten Rolle: Es soll den Berg, den Fels, den Stein und die Zeit schleifen, bis sie sich fügen. Nichts formt so geduldig und stetig wie das Wasser. Die Erde begräbt, das Feuer verbrennt, die Luft verflüchtigt. Das Wasser kommt und geht, glättet hier einen Strand, spült dort ein Sandkorn an Land, trägt hier eine Muschel und bricht dort einen Priel. Ähnlich den Wolken mit ihren phantastischen Gebilden am Himmel, die sich immer wieder verlieren und neu finden, ist das Wasser eines der Handwerkszeuge des Schöpfers.

Die Zeit fließt.

Wer die Fülle der Zeit erahnen will, muss die Uhr weglegen, darf nicht mehr messen. Dann trägt Zeit so wie das Meer trägt, wenn ich mich nicht mehr wehre. So wie der Blick vom Gipfel leicht macht und beschwingt. Mag sein, ich vergesse mich in der Tiefe, in der Weite, die alle Zeit umschließt: Menschen nennen diese Tiefe und Weite »Ewigkeit«.

Das Leben fließt.

Augustinus betet: »Mein Herz ist unruhig, bis es Ruhe findet in dir.« Die Seele eines Menschen sucht ihre Heimat, ihre Quelle und ihr Meer. Die Seele sucht nach einem Weg aus der Zerrissenheit, aus Unweg und Entfremdung. Die Seele sucht Gott und dorthin gehört sie auch.

Mittagsgebet

Die Sonne steht hoch,
dein Glanz liegt über der Schöpfung.
Wir halten inne und staunen:

Inmitten deiner Fülle dürfen wir leben,
haben Augen und Ohren für deine Wunder,
Gedanken und Hände für unser Tagwerk
und ein tiefes Gespür für deinen Geist.

Der Tag ist auf seiner Höhe,
dein Segen liegt auf Stadt und Land.

Wir halten inne und danken.
Großartig hast du die Menschen begabt,
hast uns Spielraum geschenkt,
Freiheit gewährt
und Verantwortung übertragen.

In der Mitte des Tages
blicken wir auf deine Herrlichkeit.

Wir halten inne und bitten.
Segne Dienst, Arbeit und Mühe.
Segne Liebe, Freizeit und Spiel.
Lass uns gestalten nach unserem Maß,
den Nächsten zum Segen und dir zur Ehre.[ii]

Die Schönheit der Umwege

In der Kathedrale von Chartres ist im Fußboden des Mittelschiffs die Figur eines Labyrinths in Stein eingelassen. Wenn man das Kirchenschiff vom Hauptportal aus betritt, gelangt man auf den verschlungenen Weg dieses Labyrinths. Manche Besucher gehen heiter auf den Konturen, beschwingt, mit tänzerischen Schritten. Fast, als wäre alles nur ein Spiel. Andere kommen nur langsam vorwärts, nachdenklich, besinnlich, vielleicht sogar gebeugt, weil die Windungen an Erfahrungen des eigenen Lebens erinnern. Der Weg dieses Labyrinths führt mich zunächst zweimal nah an die Mitte und ich meine, ich wäre gleich da. Dann führt der Weg aber wieder an den Rand und von da aus plötzlich in die Mitte.

Das Labyrinth ist bedrohlich. Es will uns über den Kopf wachsen. Waren Sie einmal in einem »richtigen« Labyrinth, mitten drin, mit Mauern oder dichten Büschen, die Sie überragten, so dass Sie den Überblick verloren? Darum geht es ja. Von oben mit dem Finger darüber fahren, ist ein lustiges Spiel. Mitten drin stecken, in der Gefahr, sich zu verlaufen, ohne Orientierung, das macht Angst. Man bräuchte so etwas wie eine Landkarte.

Oder: Man bräuchte den Überblick. Der Ausgang oder die Mitte könnte ja schon hinter der nächsten Biegung sein und du willst jetzt aufgeben.

Am Labyrinth kann deutlich werden: Ein ähnlicher Suchweg ist mir vorgezeichnet. Ich bin zuweilen der Mitte nah und habe doch noch einen weiten Weg zu gehen. Dieser Weg wird mich wieder von der Mitte wegführen bis an den Rand. Aber wenn ich meine, an den Rand geraten und der Mitte fern zu sein, dann kann sich erweisen, dass ich gerade dort unmittelbar vor meinem Ziel stehe. Es gibt den Lebensweg mit dem Lineal gezeichnet nicht. Wir kommen und gehen auf Umwegen, auf Windungen. Mir ist dieses »Wir kommen auf Umwegen« seit Jahrzehnten eine tiefe Lebenserkenntnis. Was uns hält und nicht verrückt werden lässt, ist die lebenslange Sehnsucht nach der Mitte, nenne sie Liebe, nenne sie Frieden, nenne sie Heimat, nenne sie Gott.

Man bräuchte im Leben gelegentlich eine Leiter, um hochklettern zu können an der Labyrinthmauer, an den Büschen. Ein paar Stufen nach oben und ich kann mich wieder einordnen. Die Seele kommt zur Ruhe. Ich habe wieder eine Orientierung. Ich habe den Überblick und traue mich, weiter zu gehen.

In der Kathedrale von Sens fand im 15. Jahrhundert an den Osterfesten ein Spiel statt, in dem im Labyrinth auf dem Fußboden die Höllenfahrt des Christus dargestellt wurde, der den Satan in seiner Tiefe aufsuchte und nach Erreichen der Mitte und nach der Überwindung des Bösen und des Todes aus der Mitte der Hölle auferstand. Oder: Der griechische Held Theseus geht in Kreta in das dortige Labyrinth, tötet den Minotaurus, das gefährliche Untier, und findet mit Hilfe eines Fadenknäuels, das ihm Ariadne mitgibt, wieder ins Freie.

Es ist der Versuch aller Kulturen und Religionen, den jeweils Jungen Hilfestellungen mitzugeben, damit sie im Labyrinth des Lebens nicht verzweifeln. Einen Faden der Liebe, eine Leiter des Glaubens, Worte des Lebens.

»Spricht zu ihm Thomas: Herr, wir wissen nicht, wo du hingehst; wie können wir den Weg wissen? Jesus spricht zu ihm: Ich bin der Weg und die Wahrheit und das Leben; niemand kommt zum Vater denn durch mich.« (Johannes 14, 5-6) Unsere Hilfestellung ist der Glaube an Jesus Christus. Jesus Christus – so unser Glaube – bückt sich so tief, macht sich so klein, dass wir auf seinen Rücken steigen können. So wird uns die Weite des Überblicks geschenkt. Nicht auf Dauer. Wir müssen ja wieder runter. Müssen weiter gehen.

Uns ist die Weite des Überblicks geschenkt. Gelegentlich. Nicht auf Dauer. Immer wieder neu. Eines Tages werden wir uns in der Mitte treffen.

Holzwege

So richtig, sagt man uns nach, könnten wir Ferien und Feiertage gar nicht mehr ertragen. Wir würden sie durchplanen und voll stopfen, so dass mancher sich nach dem geregelten Alltag sehnt, weil die Wochenenden der pure seelische Stress seien. Ich hoffe, Sie können die freie Zeit, die Ihnen geschenkt ist, trotzdem genießen. Können mit Muße und heiterem Staunen der Natur etwas von ihrer Schönheit, ihrer Frische und Geduld abgucken. Wenn Sie nicht gerade schimpfend in Autokolonnen auf der Autobahn stehen oder von Programmpunkt zu Programmpunkt einer Reise hetzen, dann können Sie, so hoffe ich, in Ihrer Freizeit durchatmen und aufatmen.

Es ist nötig, dass ich mich ab und zu bewusst neben mich stelle, den Kerl mal anschaue, der aus mir geworden ist in all den Jahren und Jahrzehnten. Es ist nötig, ab und zu einmal zurückzublättern: Wo wollte ich eigentlich einmal hin? Wollte ich da eigentlich hin, wo ich jetzt bin? Oder bin ich hier eher unversehens gelandet? Ist das vielleicht gar nicht mein Weg?

Ich habe gelesen, dass Dietrich Bonhoeffer und ein französischer Pfarrer sich einmal gefragt haben: Was wollen wir eigentlich mit unserem Leben? Der französische Pfarrer sagte: »Ich möchte ein Heiliger werden.« Bonhoeffer meinte: »Ich möchte glauben lernen.«

Und Sie? Was wollen Sie mit Ihrem Leben, jetzt wo Sie da sind, wo Sie sind? – »Durchhalten, solange es geht, eben durchhalten, und ich hoffe, Gott gibt mir die Kraft«, sagt mir eine Frau, seit über vierzig Jahren mit einem bösartigen Mann verheiratet. Was wollen Sie mit Ihrem Leben? Nur durchhalten?

Ein junger Mann sagt beim Traugespräch: »Wir haben beide erst versucht, im Beruf Fuß zu fassen, dann haben wir die Wohnung gekauft, jetzt heiraten wir, nun wollen wir auch Kinder. Unsere Ziele haben wir bisher eigentlich immer erreicht. Toi, toi, toi«, sagt er.

Im Rückblick werden wir wohl immer feststellen, dass alles dann doch ganz anders geworden und gekommen ist. Selbst die Fünfjahrespläne waren meist zu weit gegriffen. Aber es war wichtig, dass wir eigene Pläne hatten. Dass wir uns Wege ausgedacht und Ziele gesetzt haben. Die wirklich einschneidenden Ereignisse kommen sowieso ungeplant und überraschend.

Es gibt ein Gleichnis, in dem Jesus von einem Mann erzählt, der zur Hochzeit weg ist, um seine Braut heimzuführen. Seine Knechte und Mägde zu Hause bittet er zu wachen, weil er nicht weiß, wann er kommt. Er möchte gerne, selbst wenn er mitten in der Nacht kommt, mit ihnen weiterfeiern. Und sagt beim Abschied: »Lasst eure Lenden umgürtet sein und eure Lichter angezündet.« Rafft also eure Kleider so hoch, dass die Füße und Beine frei werden zum Laufen. Und lasst das Licht brennen. So vorbereitet, wird mich sicherlich das eine oder andere überraschen, aber es erschlägt mich nicht. Ich habe die »Röcke gerafft« und bin bereit, mich auf den Weg zu machen.

Natürlich weiß man am Anfang oft nicht, ob der Weg, den man geht, nicht doch ein Holzweg ist. Dann trösten Sie sich mit der Erkenntnis, dass fast alle Wege, die früher einmal »Holzwege« im dichten Wald waren, heute die breiten Wege sind, die breiten Straßen. Wenn Sie mit dem Auto auf einer schönen Straße durch den Wald fahren, dann können Sie fast sicher sein: Das war früher mal ein Holzweg.

Es ist ein längeres Nachdenken wert, dass wir sicheren Fußes, gut ausgeschildert und unbeirrt auf den Holzwegen unserer Vorfahren unterwegs sind. Das gilt wohl nicht nur im Wald.

Heilige Orte

Es gibt sie, die heiligen Orte. Sie müssen nicht im Reiseführer stehen. Man spürt das einfach. Der Schritt wird langsamer, die Stimme leiser, die Gedanken werden ruhiger, die Ohren hören anders, die Seele kommt zu sich, das Herz weitet sich. Gut dran ist der, der solche heiligen Orte kennt, sich bisweilen dorthin zurückziehen kann, die zerrupfte Seele wieder sortiert, die zerzausten Gedanken wieder ordnet, das kranke Herz kuriert.

Manchmal, an »meinen« heiligen Orten, beim Nachdenken habe ich den Eindruck, jetzt redet ein anderer mit mir. Jesus sagt mir etwas. Er sagt: »Gerhard, bald wirst du 60.« Zu Ihnen sagt er vielleicht »Peter, dieses Jahr wirst du 52« oder »Maria, dieses Jahr wirst du 78« oder »Simone, dieses Jahr wirst du 43«. »Bedenke«, sagt also Jesus zu mir, »bedenke Gerhard, du wirst bald 60.« »Bedenke, du hast vielleicht vierzig Bäume gepflanzt, du bist Vater von vier Kindern, hast sechshundert Menschen beerdigt und vierhundert getauft. Bedenke, du hast über zwanzig Bücher geschrieben und hundert Lieder komponiert. Eineinhalbtausend Schülern hast du von mir erzählt, und siebenhundert Jugendliche konfirmiert. Viele Menschen erinnern sich noch an deine Stimme im Rundfunk. Bedenke – und lass jetzt das Zählen. Zahlen sind manchmal der Tod. Sie lenken deine Energie weg vom Wesentlichen. Das Wesentliche ist nicht zu messen. Du hast die Felsküsten der Bretagne gesehen, standest auf der Kuppel des Petersdoms, bist auf einem Kamel ins Tal der Könige geritten und bist durch die Hochtäler Tibets gereist. Du hast vom Flugzeug auf die Wolken geschaut und bist mit dem Meer per Du. Du bist verheiratet mit einer Frau, die dich liebt. Du hast viele, die dich schätzen und gut eine Handvoll darunter, die dir Freunde sind. Du hast ein Dach über dem Kopf und eine Bibliothek mit vielen hundert Büchern. Bedenke, dein Vater hat die Felsküsten der Bretagne nicht gesehen, war nicht dabei, als der weiße Rauch die Wahl eines neuen Papstes ankündigte, hatte nur ein Kind, hatte elend zu hungern nach dem Krieg und war am Ende Hilfsarbeiter, wusste nicht einmal, was er in Kisten verpackte. Und das Meer kannte er nur aus Zeiten des Krieges. Und als er in Rente gehen sollte, legte er sich mit 65 hin und starb elend. Bedenke«, sagt Jesus zu mir, »bedenke, Gerhard, bald wirst du 60.«

»Wann endlich«, fragt mich Jesus ernsthaft und setzt sich neben mich auf den Stein, während wir unten im Tal ein paar Häuser sehen und außer dem Wind in den Bäumen, den Insekten und Vögeln nichts hören, »wann endlich findest du Ruhe? Wo eigentlich bist du zu Hause? Ich schau mir dich schon länger an«, sagt er. »Ab und zu unterhalten wir uns. Du siehst ja so vieles ein«, sagt Jesus zu mir, während ich schlucke und in die andere Richtung schaue. Und wieder sagt er: »Bedenke«. Und endlich drehe ich mich um und will gerade sagen: »Du, ja, ich weiß.« Da merke ich, dass ich allein bin. Sitze auf dem Stein oben auf dem Berg, den ich so liebe, eine Dreiviertelstunde von Zuhause, diese milde Höhe, dieser Anflug von Weite, nach der ich mich so sehne. Ich sehe unter mir den halb zerborstenen Baum, in der Weite einige Hügelketten, das Flimmern der Spätabendsonne, weit droben den Kondensstreifen eines Düsenjägers. Schaue auf meine sekundengenaue Funkuhr und erschrecke, wie viel Zeit schon wieder vergangen ist. »Bedenke«, hat er gesagt.

Ich würde Sie gerne mitnehmen auf diesen Stein. Sie dort hinsetzen und dann weitergehen. Jesus kommt bestimmt und hat auch Ihnen etwas zu sagen. Er weiß, was Sie brauchen. Vielleicht haben sie längst ihren Berg, ihren heiligen Ort gefunden, an dem Sie solche Gespräche führen können.

Es müssen nicht Kathedralen sein,
nicht die weiten Ufer der Ozeane
oder die stillen Hochtäler Nepals.

Manchmal genügt es,
für eine kurze Zeit den Weg zu verlassen
und zu schauen.

Es müssen nicht Kathedralen sein
oder die Kreuzgänge der Klöster.

Manchmal genügt es,
die Augen zu schließen,
die Hände ineinander zu legen
und tief zu atmen.

Loslassen, verlieren und finden

Ich brauche Menschen, die mir über die Schulter schauen und sagen: »Jetzt lass es gut sein.« Manchmal brauche ich das mehr, manchmal weniger.

»Lass es gut sein, das Grübeln bringt dich jetzt auch nicht weiter. Du hast getan, was du tun konntest, nun lass es gut sein. Lass es gut sein, rede die Welt und dich selbst nicht schlechter, als sie ist. Du bist eh kritisch genug. Jetzt lass es gut sein. Lass es gut sein und fang nicht immer wieder davon an. Deine Seele braucht auch einmal einen Garten, einen Ausflug, frische Luft und den Gesang der Vögel. Du machst jetzt schon Tage, Wochen an diesem Problem herum. Nun lass es gut sein. Lass es jetzt gut sein. Leg die Arbeit aus der Hand, sie klebt sonst an dir wie Fliegenleim, verfolgt dich noch in deinen Träumen, und am Ende ist nichts getan, was bleibt. Du musst das jetzt wirklich nicht machen. Lass es gut sein.«

Ich brauche Menschen, die mich wieder auf einen guten Weg bringen. Sie müssen nicht unbedingt besonders ausgebildet oder gar bezahlt sein. Ich brauche Menschen, die mich lieb haben und mir helfen, dass ich einen Berg von einem Maulwurfshügel unterscheiden kann, und die mir sagen: »Lass es gut sein.«

»Nun geht und lebt im Frieden des Herrn«, sage ich unseren Gemeindegliedern, bevor sich der Kreis um den Abendmahlstisch auflöst. Lass es gut sein. Überlass dich dem Frieden Gottes: Deine Ehe, deinen Beruf, den Brief, an dem du nun schon vier Tage schreibst, deine Vergangenheit, Schuld, die dich als Angst einholt – lass alles gut sein. »Schau die Vögel am Himmel an«, sagt Jesus auf dem Berg, »schau sie dir an, sie säen nicht, sie ernten nicht, sie organisieren keine Depots und leben doch.« Schau an, wie der Falke hoch oben, noch über den bizarren Septemberwolken, seine Kreise zieht. Ganz ohne Flügelschlag lässt er sich tragen und hat Freude am Spiel, vergisst die Mäusejagd und macht keine Pläne für morgen. Lass auch du es gut sein.

Lass den Tag Gottes Sorge sein. Nein, wehre dich nicht gleich. Ich weiß, dass die guten Zeugnisse, die gelungene Arbeit und die harmonische Ehe nicht vom Himmel fallen. Du sagst: »Mir wird nichts geschenkt.« Dann versuche doch einmal, nur einen kleinen Schritt auf Distanz zu dir selber zu gehen. Stiere nicht nur auf deine Probleme, studiere auch deine Leichtigkeit. Tritt einfach einmal auf die Seite und sieh die Luft, die dich umgibt, beobachte die Strahlen der Sonne, hab einen Blick für die Gedanken deines Nachbarn und ein Staunen für das Spiel deines Kindes. Und geh die letzten Tage zurück, die Jahre. Stelle dir vor, du hältst kurz ein auf der langen Wanderung, hast einen Platz gefunden, an dem man weit zurückschauen kann. Was waren das für steile und schwierige Wege! Und jetzt sind sie so weit weg, einer fließt in den anderen. Das tut gut, so ein Rückblick. Du misst mit einem anderen Maß.

So jemanden bräuchte ich manchmal, wenn ich dabei bin, mich in mir selbst zu verlaufen. Ich bräuchte manchmal jemanden, der in Liebe zu mir sagt: »Nun lass es gut sein. Und wenn es dich beruhigt, ich bleibe dran.« Partner, Nachbar, Kollegin, Freundin, Engel, Gott, die es gut mit uns meinen, legen sacht die Hand auf unsere Schulter und sagen: »Lass es gut sein.« Und lösen mit geschickter Hand die Fessel um unsere Seele und schenken uns eine Stunde Flug mit dem Falken oder Blühen mit der Rose oder Staunen mit dem Kind.

Atempausen. Sonntag

Einatmen. Pause.
Ausatmen. Pause.
Einatmen. Pause.
Ausatmen. Pause.
Und so weiter.
15.000 Mal am Tag.
Einatmen. Pause.
Ausatmen. Pause.

Die Pause dazwischen gehört dazu. Der Körper macht die Pause unbewusst. Der gesunde Körper atmet ruhig und macht dazwischen immer wieder eine Pause. Wenn ich die Pause nicht mache, so erzählt mir mein Arzt, dann hyperventiliere ich, ich werde »überlüftet«. Wie das aussieht? Er sagt, die Kohlensäure wird immer mehr abgeraucht. Es kommt zu einem Ungleichgewicht von Säure und Base im Körper.

Es gibt offensichtlich Maschinen, die brauchen das. Immerzu. Ohne Pause. Sie kollabieren nicht. Nur der Mensch kollabiert. So ist er nicht geschaffen. Ohne Pause. Immer durch. Die Sonntage sind auch nicht mehr das, was sie früher waren. Auch da Termine. Auf die Autobahn. Weg. Raus. Zwei Stunden spazieren gehen. Rein. Wieder auf die Autobahn. Nach Hause. Sportschau. Abendessen. Tatort. Bett. Wecker stellen. Schlafen. Und wieder raus.

Im Jahr 321 nach Christus hat Kaiser Konstantin den Sonntag, den Tag der Auferstehung Jesu, zum staatlichen Ruhetag erklärt. Nach der Französischen Revolution wollte man den Sonntag abschaffen. Und nach der Russischen Revolution wollte man die 10-Tage-Woche einführen.

Einatmen. Pause. Ausatmen. Pause. Wer nicht so atmet, dessen Kreislauf bricht zusammen. Wer nicht so lebt, übernimmt sich. Aus. Wir sind keine Maschinen. Der Kollaps muss nicht sein. Wenn man zur Ruhe kommt, sich besinnt, Gott dankt und ihn zu Wort kommen lässt.

Planen Sie die Atempause ein. Sie sind kein Computer und kein Hochofen. Sie sind ein Mensch. Und Menschen brauchen das.

Urlaub oder Ferien?

Ferien – das wusste ich noch aus dem Lateinunterricht, haben etwas mit Fest und Feiern zu tun. So stammt der Begriff »Ferien« wirklich von der Vorstellung her, Zeit fürs Feiern zu haben. Freie Zeit, das ist ein Fest. Ganz so, wie wir uns eigentlich auch den Sonntag vorzustellen haben nach dem, was einmal die Bibel darunter verstanden hat. Ferien, ein Fest der freien Zeit.

Haben Sie eigentlich eine Vorstellung, wo das Wort »Urlaub« herkommt? Ich hatte keine Ahnung. In einem Wörterbuch für die deutsche Sprache steht: »Die Grundbedeutung von Urlaub ist ›Erlaubnis‹. Im Mittelalter ist es die Erlaubnis, sich zu entfernen, die ein Höherstehender oder eine Dame dem niedriger Stehenden gibt. Heute versteht man darunter die zeitweilige Befreiung vom Dienst.«

Wenn Sie in Urlaub fahren, dann haben Sie also die Erlaubnis von einem höher Stehenden, sich zeitweilig vom Dienst zu entfernen. Wenn Sie allerdings Ferien machen, dann ist das ein Fest der freien Zeit. Ferientage sind Feiertage.

Ich will das nicht überbewerten, dieses kleine Sprachspiel mit Urlaub und Ferien. Aber so besehen fahre ich lieber in Ferien als in Urlaub. Keine Frage. Geist und Seele sollen wirklich frei werden von Arbeit und Dienst. Frei für etwas, was ich feiern kann. Für die Liebe meiner Frau, die im Alltag zur Selbstverständlichkeit verkommt, und die ich in den Ferien feiern kann. Frei für die trotz aller Eingriffe doch immer noch faszinierende Natur, zu der wir als eines unter vielen Wesen dazugehören dürfen. Ich habe gelesen und ein befreundeter Biologe hat es mir bestätigt: In einem Kilogramm Erde leben mehr Lebewesen als Menschen auf diesem Planeten. Ist das nicht schon ein Wunder, diese Vorstellung! Was da an Lebewesen lebt, als Geschöpf wie ich ein Geschöpf bin, in einem Klumpen Erde. Mehr als acht Milliarden Lebewesen. Wenn das kein Grund ist, in diesen Ferien die Natur zu feiern und ihren Schöpfer?

Wenn Sie dann schon dabei sind, dann feiern Sie doch einmal auch eine Nacht. Entweder schlafen wir sonst oder wir sind laut oder haben gar keine Zeit, einmal die Nacht zu würdigen und zu genießen. In den Ferien kann man sich das erlauben. Was uns da seit Wecker, Fernsehen und elektrischem Licht verloren gegangen ist an Stimmungen!

Überhaupt: Suchen Sie sich in diesen Feiertagen Anlässe zum Feiern. Ausgefallene Anlässe oder vertagte

Feiern für wie viele überstandene Krankheiten, für wie viele Hilfen und Fingerzeige, für Gespräche und Begegnungen, für all die Fehler, die ohne Folgen blieben. Feiern Sie Ihre Ferien.

Nicht nur die gelben Engel begleiten

Die Mitarbeiterinnen und Mitarbeiter des ADAC werden gerne als »Gelbe Engel« bezeichnet. Wie gut, dass es sie gibt, wenn der Motor stottert, ein Reifen Luft verliert oder der Keilriemen reißt. Steht dieser »Gelbe Engel« dann an deiner Seite, ist es dir schon viel wohler. Du bist sichtbar nicht mehr allein. Auch wenn die Panne nicht so schnell zu beheben ist, die »Gelben Engel« sorgen für dich, bringen dich zur nächsten Reparaturwerkstatt, rufen einen Abschleppwagen. Sie tun das Nötige – an deiner Stelle. Meist aber geht alles gut, und du kannst nach einem freundlichen Dank deine Reise fortsetzen.

»Er hat seinen Engeln befohlen, dass sie dich behüten auf allen deinen Wegen, dass sie dich auf Händen tragen und du deinen Fuß nicht an einen Stein stoßest.« (Psalm 91, 11-12) Wenn es einen »Lieblingstaufspruch« in diesen Jahren gibt, dann ist es dieser. Eltern, die am Anfang der Lebensreise ihrer Kinder Gott um seinen Segen bitten und die Kinder zur Taufe bringen, wünschen sich, vor die Auswahl von etwa 100 denkbaren Bibelversen gestellt, mehrheitlich diesen tröstlichen

Vers aus dem 91. Psalm als Taufspruch. Die Liebe eines Menschen, auch des liebsten Menschen, reicht nicht so weit, dass sie schützen, warnen, vorbereiten, behüten kann ein Leben lang.

Die biblischen Engel stehen immer am Weg, überraschend, oft so, dass es zum Fürchten ist. Engel sind Gottes »Streitmacht«, schützen seine Sphäre. Und schützen damit auch den Menschen. Er soll sich nicht übernehmen. Engel lassen den Wind auf der Haut spüren, ohne dass die Berührten von der Wucht Gottes erschlagen werden. Sie lassen Spuren der Liebe zurück, Wärme in unserem Gesicht, ohne dass wir in Gottes Glut verbrennen. Engel künden Neuanfänge, Umbrüche. Engel, die Grenzgänger in Krisenzeiten.

Ich glaube nicht, dass hinter jeder Hausecke ein Engel steht, der den Schirm aufhält, wenn ein Dachziegel herunterfällt. Das ist kein Glaube, das ist Kitsch oder einfach albern. Aber in der Bibel steht, dass Gott keinen allein lässt. Vielleicht doch ein Schutzengel, ein Warn-Engel, ein Behüte-Engel, ein Vorbereitungs-Engel? Gibt es also doch solche Zwischenwesen zwischen Gott und Mensch?

Der Engel ist nicht ein Halbmensch oder ein Übermensch. Der Engel ist das lebendige Wort Gottes an deiner Seite. Ein Leben lang. Der Engel hat Spuren in dir hinterlassen: Warnungen, Liebesbeweise, Ratschläge, Wahrheiten, Hinweise, Freisprüche, Begnadigungen, Hilfsangebote, Bitten, Lobgesänge und Klagen, Überlebensstrategien und Entschuldigungen, Umwege und Landkarten.

Nein, da ist in meinem Leben wenig selbstverständlich. Da ist nicht alles selbst erarbeitet. An den Netzen, die uns auffangen, haben viele geflochten. Die Wege, die wir gehen, sind viele vor uns auf und ab gegangen. Die Häuser, die uns bergen, haben viele wohnlich gemacht. Ich kenne meine Grenzen. Ich sehe die Welt mit offenen Augen. Und ich höre Gottes Wort mit offenen Ohren. Deshalb glaube ich an Engel.

Nach dreihundert Kilometern auf der Autobahn

Nach dreihundert Kilometern auf der Autobahn, spätestens dann wird wohl jeder eine kleine Pause machen. Und wenn's nur darum geht aufzutanken. Nach dreihundert Kilometern auf der Autobahn ist man etwas steif, braucht etwas Bewegung. Ich nehme an, Sie kennen das. Eben auch jetzt wieder auf der Fahrt an das Reiseziel und zurück. Nach dreihundert Kilometern auf der Autobahn fahre ich an die Tankstelle. Der Tankwart, ein junger, freundlicher Mann, füllt Benzin nach, und während das alles ganz von alleine geht, nimmt er Wasser, einen Schwamm und macht sich an meine Windschutzscheibe. Nach dreihundert Kilometern auf der Autobahn hat sie das nötig. Ich stehe daneben und schaue ihm zu. Er hat ganz schön damit zu tun, bis er all die Fliegenreste, Insektenteile, Tierreste weggeputzt hat.

Dreihundert Kilometer auf der Autobahn ... was sind wir froh, wenn wir unfallfrei wieder zu Hause sind. Die toten Igel, Vögel, Katzen, Hasen sehen wir ja noch. Schweigen – wegen der Kinder. Aber dann an der Tankstelle, spätestens dann: die Hunderte, Tausende kleiner und kleinster Lebewesen, die gedankenlos in den Tag hineinlebten, von Baum zu Baum flogen, sich an der Sonne wärmten.

Sie kennen wahrscheinlich alle Mahatma Gandhi. Den großen indischen Mann des Friedens, der Gerechtigkeit. Man nennt ihn manchmal in einem Atemzug mit dem Mann aus Nazareth. Gandhi, Vorbild einer ganzen Generation, wie Albert Schweitzer oder Martin Luther King. Gandhi stammte aus einer Schule oder Klasse, wie immer man das nennt, in der die Strenggläubigen zu Fuß ihre Wege gingen, einen Staubwedel in der Hand und ein kleines Tuch vor dem Mund. Mit dem Wedel säuberten sie den Weg, damit sie ja nicht aus Versehen auf ein kleines Tier träten. Das Tuch vor dem Mund bewahrte jedes kleine Insekt davor, aus Versehen verschluckt zu werden.

Ich weiß auch, dass das bei uns so nicht geht. Aber nach dreihundert Kilometern Autobahn macht man sich schon so seine Gedanken, wenn man noch Augen hat für das Leben, und nicht nur für die Landkarte, den Tacho und die Benzinpreise.

Nähe und Weite

Je älter ich werde, umso weiter muss ich auf Distanz gehen, um klar zu erkennen. Mein Optiker gleicht das durch eine Brille aus, aber in dieser Erkenntnis steckt auch ein großes Stück Wahrheit. Ich muss lernen, von mir »weg zu schieben«, um zu erkennen. Muss auf Distanz gehen und kann dann getrost in den Arm nehmen. Muss mich erst »trennen«, bevor ich »herze«. Mit den Ohren ist es das pure Gegenteil: Ich muss näher kommen, um besser zu hören. Zu viele Geräusche stören, wenn ich weit weg bin.

So bestätigt sich, was wissenschaftlich längst belegt ist. Das Ohr ist feiner als das Auge. Im Übrigen auch längst nicht so verführerisch und trügerisch. Joachim Ernst Behrendt, dem ich vieles verdanke, vor allem das, was Theologen so schwer lernen, das »Hören« und »Horchen«, war mir ein großartiger Lehrer in der Einübung der Stille. Er hat mir die Ohren geöffnet und die Angst genommen.

Ich hatte ihn bei einem Geburtstag von Jörg Zink kennen gelernt. Wir kamen ins Gespräch. Ich sagte: »Ich habe bei Ihnen mehr gelernt als in den vielen Jahren des

Theologiestudiums.« Er war eher erschrocken als erfreut. Ich sagte ihm, was ich gelernt hatte: das Hören. Die Welt ist Klang, sagt er. Und weiß, dass das Gehör ein viel sensibleres Organ ist als das Auge. Das Auge geht nach außen, das Gehör geht nach innen. Wer Stille übt, sieht mit den Ohren und riecht die Gefahr.

Nähe und Weite verschwimmen mit der Zeit. Was mir früher nah war, ist mir heute fremd. Was mich früher befremdete, ist mir heute nah. So wird es jedem gehen, der nicht nur zu Hause sitzen blieb. Der, zumindest mit seinen Gedanken, grenzenlos unterwegs war.

Beides ist gleich wichtig, Nähe und Weite. Wer nie Nähe wirklich wohltuend, zärtlich, heimatlich, vertraut und heilend gespürt hat, wird wegrücken, wenn ihm ein anderer zu nahe kommt. Wird es schwer haben mit dem Vertrauen in Menschen, mit der zärtlichen Liebe und mit dem Glauben an Gott. Wird in Angst, in Enge leben, muss sich immer schützen, muss aufpassen, kann nicht entspannt die Augen schließen, nur hören und spüren.

Wer Weite nie staunend und befreiend, bereichernd und träumend erfahren hat, wird Fremdes fürchten, Fremde ablehnen, enge Mauern ziehen. Wird innerlich austrocknen, verhärten und brechen.

Die jüdische Gebetshaltung ist eine einfache Einübung in das rechte Maß von Nähe und Weite: Aufrechter Stand, die Arme seitlich vom Körper, die Hände offen zum Himmel, die Augen geschlossen. Danken für das Geschenk. Und offen sein für den Segen.

Staunen

Vor zwei Jahrzehnten schrieb eine Biologin, der Mensch sei »der Affe, der spricht«. Ich sage: »Der Mensch ist das Wesen, das staunt.« Verlieren die Menschen die Fähigkeit zu staunen, dann gibt es bald auch nichts mehr, was des Sprechens wert wäre. Wenn ich Theologie recht verstehe, ist der eigentliche Grund des »Redens von Gott« das Staunen des Menschen: »Was ist der Mensch, dass du seiner gedenkst, und des Menschen Kind, dass du dich seiner annimmst?« (Psalm 8, 5) Die eigentliche Form der Theologie ist die Doxologie, der Lobpreis der Herrlichkeit Gottes. Der Mensch tritt einen Schritt zurück, schweigt entsetzt, erschüttert, im tiefsten berührt, wie Hiob schweigt nach Gottes erster Rede aus dem Wettersturm: »Siehe, ich bin zu gering, was soll ich antworten? Ich will meine Hand auf meinen Mund legen.« (Hiob 40, 4) Es bleibt nicht beim Schweigen. Der Mensch ist ein »gefragtes« Wesen. Er staunt und dankt. Gottesfurcht und Entsetzen wandeln sich in Lob und Dank.

»Da staunst du aber« – unter diesem Titel laden wir seit vielen Jahren in unserer Gemeinde Kinder und Eltern zu besonderen Gottesdiensten ein. Bei diesen Gottesdiensten gehen wir in der Regel »auf Reise«. Kinder wissen oft nicht, wo ihre Eltern arbeiten oder wie das Selbstverständliche entsteht, das ihr Leben prägt: Wasser aus der Leitung, Strom aus der Steckdose, Milch aus der Packung ... Wesentliche Bereiche des Lebens kennen die Kinder nur vom Fernsehen, viele Lebensräume haben sie noch nie betreten. Am Wasserwerk sind sie oft schon vorbeigefahren. Von der Moschee kennen sie nur das Äußere. Das Betreten des Steinbruchs und des Kirchturms ist verboten. Das Innere einer Apotheke, des Winzerkellers oder einer Großbäckerei sind ihnen fremd. Und doch kaufen ihre Eltern dort für sie Medizin. Dort wird der Wein gekeltert, den man in Kartons beim Getränkemarkt bekommt. Dort werden die Brötchen gebacken, die man in der großen Pause auf dem Schulhof kauft. Da man diese Lebensräume nicht in die Kirche holen kann, allenfalls Menschen, die von ihnen erzählen, gehen wir mit den Kindern in diese Lebensräume.

Reisen sind Möglichkeiten, die in unseren Jahren verschüttete Gabe des Staunens wieder zu finden. Kinder sind dabei viel unbefangener. Sie sind meist noch nicht geprägt von der »Haben-Mentalität«, die uns Erwachsenen so eigen ist. Wir vergleichen, was wir schon gesehen haben: Das Ulmer Münster ist aber höher, die Eiger-Nordwand ist aber steiler, der Amazonas ist aber breiter, der Blick in den Dolomiten ist imposanter ...

Das Vergleichen raubt uns die Fähigkeit zu staunen, verbaut unsere Sucht mit einem »aber« nach dem anderen. Wer reist, »macht sich auf«, verlässt die Welt des Habens, der Besserwisserei, verlernt das »Aber«-Sagen. Wer alles schon weiß und kennt, braucht nicht mehr zu reisen. Er mag sich zu Hause mit einer »Aber-Sammlung« krumm grämen. Wir gehen staunen! Wer reist, wird gleichzeitig reicher und bescheidener. Eben dies geschieht beim Staunen: Ich werde bereichert und lerne neu mein Maß. Was ist der Mensch, dass du seiner gedenkst ...?

Ein Meister der Meditation und des Gebets sagte: »Hast du bemerkt, wie die Kieselsteine der Straße nach dem Regen sauber und glänzend sind? Wahre Kunstwerke! Und die Blumen? Kein Wort kann sie beschreiben. Man kann nur ein bewunderndes ›Ah!‹ ausrufen. Du musst das ›Ah!‹ der Dinge verstehen!«

Gebet unterwegs

Gnädiger Gott,
schenke uns Zeit,
zu verweilen und zu schauen.

Schenke uns die Gabe des Staunens
und die Muße des Betrachtens.

Behüte uns
und die, denen wir unterwegs begegnen.

Dankbar und staunend
bekennen wir:
Herr, wie sind deine Werke so groß und viel!
Du hast sie alle weise geordnet,
und die Erde ist voll deiner Güter.[iii]

Mit dem Zelt unterwegs

Kurz vor Schulferienbeginn habe ich im Gottesdienst in der Kirche ein Zelt aufgebaut. Von den vielen Geschichten erzählt, die in der Bibel mit Zelten zu tun haben. Selbst von Jesus heißt es im Johannes-Evangelium: »Das Wort ward Fleisch und schlug sein Zelt auf mitten unter uns.« Und am Ende der Zeit, so lesen wir im Buch der Offenbarung, baut Gott eine Hütte, sein Zelt unter den Menschen und wird so bei ihnen wohnen.

Wir stehen kirchlich in einer ganz anderen Tradition: Große, feste Steinbauten, unverrückbare Altäre, Orgeln für die Ewigkeit, Türme als Wahrzeichen, meterdicke Mauern. Das ist eher die Tradition des Tempels, nicht die des Zeltes.

Ein Zelt kann ich hier aufschlagen und dort. Die Nomaden folgen damit dem lebenswichtigen Regen, wechseln Weideplätze. Die Kirche als Zelt, das ist das Bild einer beweglichen Kirche, die nicht wartet, bis alle zu ihr kommen, die aufbruchsbereit ist dahin zu gehen, wo Gott sie braucht, vom Heiligen Geist bewegt, stets unterwegs zum Leben.

Ein Zelt ist leicht. Handlich. Man kann es tragen, mitnehmen. Hat damit, wo immer man hinkommt, ein Dach über dem Kopf. Von Jesus wird erzählt, er habe nicht einmal wie Füchse und Vögel etwas gehabt, wo er sein Haupt hinlegen konnte. Und seine Jünger sendet er aus zum Predigtdienst, ohne Geld, ohne Tasche, ohne Schuhe und Stecken, in der Erwartung, dass die sie versorgen, denen sie predigen. Die Kirche als Zelt ist das Bild einer Kirche ohne großen Ballast. Eine materiell und von der Ausstattung her arme Kirche. Sie weiß sich nur dem Nötigsten verpflichtet. Sie lebt von den Menschen. Und ist vielleicht gerade deshalb brennend an den Menschen interessiert, zu denen sie geschickt ist.

Wer zeltet, macht sich angreifbar. Da hört man jeden Ton, riecht und sieht eben viel mehr als sonst üblich. Die Kleiderordnung ist entsprechend. Wer zeltet, will nicht in erster Linie seine Ruhe haben und unbeobachtet bleiben. Die Kirche als Zelt ist das Bild einer Kirche, die ganz nah, hautnah mit den Menschen lebt. Die keine Berührungsängste und keine Geheimnisse hat.

Aber das Zelt hat auch seine negativen Seiten. Es ist einfach nicht stabil genug, nicht von Dauer. Zeichen für Vergänglichkeit. Der Prophet Hesekiel klagt auf dem Krankenlager: »Mein Haus wird abgetragen, man rollt es zusammen wie ein Hirtenzelt.« Das Zelt als Bild für unser Leben ist ein ehrliches Bild. Aufbauen, kurze Zeit bewohnen, abschlagen. Und doch ist es voll Hoffnung. Denn in dem abgeschlagenen Zelt bewahrt sich die Chance, eines Tages wieder einen neuen Zeltplatz zu finden und mit ihm ein Zuhause.

Wenn am Ende der Tage Gott selbst in einer Hütte, in einem Zelt mitten unter uns wohnt, dann ist alles Herrliche, alles Trennende gefallen. Ein neuer Himmel und eine neue Erde, wo Gott und Mensch Zelt an Zelt, Tür an Tür wohnen, so nah, dass Gott Tränen abwischt von den Gesichtern der Weinenden – das wäre ein Ort, an dem ich auch gerne mein Zelt auf Dauer aufschlagen würde. Ohne Angst vor Sturm oder Tod. In der Nachbarschaft Gottes. Und manchmal drängt sich trotz aller Not und allen Unrechts der Eindruck auf, als ob er schon eingezogen sei und wir nur neben den vielen Prachtbauten sein bescheidenes Zelt übersehen.

Folge mir nach. Reisen als Berufung

Sie standen eines Tages im Schneiderzimmer meines Vaters, hatten dicke Mustermappen mit Stoffen der verschiedensten Art und Qualität dabei. Mein Vater prüfte sorgfältig, blickte über den Rand seiner Brille, rieb die Stoffe schweigend zwischen Zeigefinger und Daumen, stellte Fragen, an die ich mich nicht mehr erinnere. Begriff wie »Kammgarn«, »Salz und Pfeffer« sind in meiner Erinnerung gespeichert. Ich weiß bis heute nichts mit ihnen anzufangen. Gelegentlich wird Vater auch etwas bestellt haben. Denn in seinem Ein-Mann-Betrieb als Schneidermeister mussten für mögliche zahlungskräftige Kunden, und die waren in unserem Dorf rar, auch Stoffe vorrätig sein. Gelegentlich schneiderte er mir dann aus den Stoffen, die niemand haben wollte, eine Hose.

Die Männer – es waren nur Männer, die mit den Mustermappen, mit den Schachteln voller Knöpfe, Hosenträger, Fäden, Zwirne und etlichem anderem Kleinkram in unsere Wohnung kamen, waren »Reisende«. »Heute kommt ein Reisender.« Das hörte ich gelegentlich. Die Werkstatt wurde etwas sorgfältiger aufgeräumt.

Vielleicht hat die Mutter einen Kaffee gemacht. Eher nicht. Das war damals nicht üblich. Mein Vater muss zumindest überschlagen haben, was er brauchte, was er sich leisten konnte und was nicht. Jedenfalls lag eine gewisse Spannung über dem allem. Ich saß irgendwo in der Ecke des Zimmer, spielte, las oder schaute nur zu. Die Reisenden kamen nicht zu mir, sie kamen zu meinem Vater. Sie gingen wieder. Und gelegentlich waren sie dann anschließend Thema ausführlicher, auch kontroverser Gespräche zwischen Mutter und Vater.

Mein Vater saß, wie wohl damals jeder Schneider, im Schneidersitz auf seinem Tisch. Er konnte von dieser Position aus die Straße überblicken. Es war eine Sackgasse, in der nicht nur jeder jeden kannte. Jeder hörte auch jeden und wusste auch alles über den anderen.

Manchmal kamen Fremde in die kleine Straße. Ich erinnere mich heute noch an den Klang der Stimme des einen: »Lumpen, Alteisen!« Mehr nicht. Meine Mutter erzählt, dass ich schon beim ersten Wort losgestürmt sei. Unten stand mit einem abenteuerlichen Gefährt – drei Räder, Führerhaus, Pritsche – der »Alteisenjud«. Wie verräterisch doch die Sprache ist! Er tauschte Stoffe, Papier, Metallreste gegen billiges Porzellan. Geld gab es keines, dafür vielleicht eine Sammeltasse, eine Schüssel, einen Krug. Manches davon hat nun bald 60 Jahre überlebt. Manchmal kamen andere Fremde. Einarmig der eine, er sang Stücke aus Operetten. Wohl am beliebtesten war der »Soldat am Wolgastrand«. Ein Hinkender war darunter. Einem anderen fehlte ein Bein, er fuhr auf einem umgebauten Kinderwagen, hatte ein Akkordeon dabei und spielte bekannte Melodien. Mutter oder Vater wickelten zwei oder drei Zehnpfennigstücke in etwas Zeitungspapier. Das durfte ich aus dem offenen Fenster des Schneiderzimmers nach unten werfen.

So lernte ich als Kind »Reisende« kennen. Gesprochen habe ich mit keinem.

Vielleicht wird daraus verständlich, dass ich den Beruf der »Reisenden« immer mit gemischten Gefühlen betrachte. Sie kamen und gingen. Sie waren auf Almosen angewiesen, rochen anders, sprachen anders. Oder sie waren meinem Vater »überlegen« und brachten nur Krisen für die Familie.

Wahrscheinlich prägt die Kindheit viel mehr, als uns das lieb ist. Jedenfalls konnte ich mir nicht vorstellen, dass ein Mensch freiwillig »auf Reisen geht«, das Reisen gar zu seinem Beruf macht. »Da draußen« musste man schön tun, verkaufen, im Zweifel betteln, brach ein in geschützte und sensible Räume, war allein, war immer fremd und angewiesen. Allenfalls die ganz besonders Forschen, auf deren Wort man allerdings auch nichts gab, weil sie übertrieben, schmeichelten und angaben, die waren prädestiniert als »Reisende«.

Die Bibel kennt, was ich aus der Sicht des Kindes beschreibe. Sie kennt Propheten, die von der Familie, von der Arbeit, von ihrem Zuhause auf der Stelle weggerufen werden. Gott kennt keine Widerrede. Jeremia, Mose, Amos – sie erzählen davon. Sie werden berufen. Sie sollen sich aufmachen, gehen und predigen. Was vor ihnen liegt, ist unangenehm, oft lebensbedrohlich. Paulus im Neuen Testament wird zum »Reisenden in Sachen Jesus Christus«. Zuvor schon hatte der Mann aus Nazareth andere Männer aus ihrer behüteten Umgebung gerissen, weg von der Arbeit, weg von der Familie. Fast atemlos stürmt Jesus nach seiner Taufe am Jordan und den 40 Wüstentagen durch Galiläa und beruft Jünger. »Als nun Jesus am Galiläischen Meer entlangging, sah er zwei Brüder, Simon, der Petrus genannt wird, und Andreas, seinen Bruder; die warfen ihre Netze ins Meer; denn sie waren Fischer. Er sprach zu ihnen: Folgt mir nach; ich will euch zu Menschenfischern machen! Sogleich verließen sie ihre Netze und folgten ihm nach. Und als er von dort weiterging, sah er zwei andere Brüder, Jakobus, den Sohn des Zebedäus, und Johannes, seinen Bruder, im Boot mit ihrem Vater Zebedäus, wie sie ihre Netze flickten. Und er rief sie. Sogleich verließen sie das Boot und ihren Vater und folgten ihm nach.« (Matthäus 4, 18–22) Großartig, wie Pier Paolo Pasolini in seinem Film »Das 1. Evangelium – Matthäus« aus dem Jahr

1964 diese Eile nachempfindet. Es drängt den Mann aus Nazareth. Und er wiederum drängt die von ihm Berufenen. Sie lassen alles liegen und stehen, haben keine Wahl, reisen mit ihm. Es liegt eine endzeitliche Unrast über den Berufungsszenen. Fast wie gehetzt stürmt Jesus durch Galiläa.

Ähnliches spürt, wer die Reisen des Apostels Paulus in der Zeit zwischen 47 und 60 nach Christus betrachtet. Seine Berufung vor Damaskus, die mit Blindheit und Todesnähe verbunden war, lag schon zwölf Jahre zurück. Sie hatte ihn nicht minder aus Bahn geworfen wie Amos oder Petrus. Und plötzlich beginnt er »als berufener Diener Jesu Christi« die ganze bekannte Welt in einem Tempo zu durchpflügen, das sich nur durch eine abgrundtiefe, zu sich selbst rücksichtslose Liebe erklären lässt. Berufung, das spüren wir an diesen Biografien, führt in das äußerste Ausgesetzt-Sein: Jeremia landet im Gefängnis, Amos wird vertrieben, Jona landet in der schrecklichen Finsternis des Fischleibes, Paulus stirbt als Märtyrer, Jesus stirbt am Kreuz. Alle waren sie auf die Reise geschickt. Ihr aller Auftrag war zu retten. Erschrocken spüren wir, was es bedeuten kann, wenn Gott sagt: Fürchte dich nicht, denn ich habe dich erlöst; ich habe dich bei deinem Namen gerufen; du bist mein! (Jesaja 43, 1) Mir rückt auch als Erwachsener der Beruf des Reisenden nicht näher. Ich habe immer noch Verkäufer vor Augen, Menschen, die schön reden müssen und in den meisten Nächten allein sind.

Und dann gibt es da in der Bibel die Reisenden, die keine Wahl hatten außer der einen, sich in eines anderen Namen auf den Weg zu machen, um fremdes Leben zu retten und dabei das eigene zu verlieren.

Segnen

Ein Gedanke aus dem Judentum gefällt mir: Wer uns segnet, weil wir ihm geholfen haben, dem sollen wir dankbar sein, und nicht umgekehrt. Es geht um Armut und um Dankbarkeit, um Segen. Ich soll dankbar sein, dass ich jemandem helfen kann. Dass ich dienen kann. Wer dienen will, bedarf des anderen, ist damit gemeint. Es ist eine Chance, die Gott uns schenkt, wenn er uns jemanden zum Liebhaben, zum Bedienen über den Weg schickt. Äußerst schwierig, diese Denkweise nicht nur für gut zu halten, sondern nach diesem Vorsatz zu leben. Gibt es doch schon innerhalb der Kirche genügend, die mir zum Stolperstein werden, Kotzbrocken, Anfechtungen Schritt auf Schritt. Einer des anderen Legitimation fürs Nichtstun. Einer des anderen Legitimation für den Rückfall in die Welt der Mächtigen und Händler. Wo doch keiner etwas preisgibt, am wenigsten eine Blöße. So soll es unter euch nicht sein. Geht ohne Erwartung, ohne Geldbeutel, ohne Pfeifen, nach denen andere tanzen sollen, ohne Bilder, nach denen sich andere verhalten sollen, geht nur als Dienerinnen und Diener. »Und wenn ihr in ein Haus kommt, sprecht zuerst: ›Friede sei diesem

Haus.‹« (Lukas 10,5) Friede sei diesem Haus. Sprecht das zuerst. Und wenn einer dich bittet, dass du ihn eine Meile begleiten sollst, dann nötige ihn, dass du ihm zwei Meilen weit dienen kannst und gib ihm zwei Röcke statt einem und lass dich nicht aus dem Konzept bringen durch das Klingeln deines Handys.

Noch wünscht man sich gelegentlich unter Christinnen und Christen »Gottes Segen«. Ein neuer Tag, eine neue Woche, ein neues Jahr, eine Reise – neue Kapitel unseres Lebens. Wenn ich jemanden segne bei der Taufe, bei der Konfirmation, an Krankenbetten oder bei der Hochzeit, dann halte ich meine Hand oder meine Hände über ihn. Ob Sie das auch schon getan haben? Ob Sie das ab und zu auch noch tun? Die Oma den Enkel, eine Nachbarin die andere? Solche Gesten sind uns nicht mehr selbstverständlich. Ich verspreche da eine Menge, spreche eine Menge zu, wenn ich segne.

Wer die offenen Hände über einen anderen hält, zeigt ihm nicht nur, dass er keine Waffe trägt, dass er nichts verbirgt, was dem anderen schaden könnte, er birgt ihn auch. Wie kann ein Mensch einen anderen bergen? Er kann ihm Wohnung geben und Kleidung, er kann ihm Zärtlichkeit schenken und Liebe, er kann sein Vertrauen rechtfertigen und sich vor ihn stellen in Zeiten der Gefahr. Er kann an seine Stelle treten. Gott tritt zu uns, um uns zu bergen.

Zu all dem, was uns das Alte Testament über den Segen lehrt, kommt dies hinzu: Wir sind geborgen, geschützt, entschuldigt, aufgerichtet, wir selbst können nun anderen zum Segen werden. Der Segen begleitet den gesegneten Menschen. Er wird zum zweiten Kleid, er wird zum Zeichen Gottes an dir und mir. Damit dich keiner schlägt, der dich trifft. Selbst das Kainszeichen ist ein Segenszeichen. Es bewahrt vor dem Tod. Das Kreuzzeichen ist das Segenszeichen der Christen. Die offenen, segnenden Hände – das Lebenszeichen Christi. Wenn einer dies dem anderen schenkt, dann verspricht er nicht etwas, was er selbst nicht halten kann. Wenn einer den anderen segnet, dann stellt er ihn in den Schutz Gottes, heiligt ihn, macht ihn unantastbar.

Wie oft schänden wir den Segen. Machen uns an gesegnetes Leben. Reißen Menschen heraus aus dem Schutz Gottes. Reißen Tiere, Pflanzen, die ganze Erde aus dem Segen Gottes heraus und machen uns über sie her. Lasst uns das Unsrige tun, damit die Segenswünsche, die millionen- und milliardenfachen Segenswünsche nicht wieder verkehrt werden zu Flüchen. In der Bibel steht nicht: Christus ist mein Friede. Auch nicht: Christus ist dein Friede. Christus ist »unser Friede« steht da (Epheser 2,14).

Heimwege

Ich möchte mit Ihnen einen Abendweg gehen. Rund um einen kleinen Wald oder entlang einem Tal, durch das ein ruhiger Bach seinen Weg gefunden hat. Oder sei es nur noch einmal ums Quadrat den kleinen Abendspaziergang. Ab und zu bleiben wir stehen und betrachten etwas, einen ersten Stern, einen Garten in der Abenddämmerung, ein Fenster, bei dem sich die Läden schließen.

Der Tag nimmt ab. Ach schönste Zier,
Herr Jesu Christ bleib du bei mir,
es will nun Abend werden.
Lass doch dein Licht auslöschen nicht
bei uns allhier auf Erden.

Ich möchte mit Ihnen diesen eigentümlichen Übergang vom Tag in die Nacht und in einen neuen Tag meditieren. In aller Ruhe. Eben wie bei einem Abendspaziergang, bei dem ich hier und dort stehen bleibe, nicht hetzen muss. Was zu tun war, ist getan. Ich kann verweilen. Und doch bleibt mein Blick, sind meine

Gedanken noch nach hinten ausgerichtet. Dorthin, was war an diesem Tag. Gesichter tauchen auf, Gesprächsfetzen, Sorgen, das ernste Gesicht der Ärztin, ein Anruf des Enkels. Vielleicht ist es auch so ein banales Ding wie eine zu hohe Telefonrechnung oder ein so schwerwiegendes wie die Gestaltung des eigenen Testaments. Vielleicht ist heute wieder der Brief ausgeblieben, auf den du gewartet hast, oder der Besuch hat dich enttäuscht. Die Hand war da, die Stimme, der Körper waren da, aber die Augen und die Gedanken waren weit weg. Du bist besucht worden und doch wieder nicht. Dein Blick geht zurück. Du bist enttäuscht von diesem Tag. Von dieser einen Sache, die dich partout nicht in Ruhe lässt. Die dich bei deinem Abendspaziergang begleitet. Du klebst an diesem Tag und kommst nicht los. Du gehst Schritte und merkst nach hundert Metern, wie sehr du in Gedanken vertieft warst, die dich nicht loslassen. Dabei wolltest du einfach nur noch einmal spazieren gehen. Die erste Station. Ich würde ihr den Namen geben: »Noch erledigen müssen« oder »Zurückschauen« oder »Einfach nicht loskommen«.

Ich weiß, dass ich davon loskommen muss. Ich weiß, dass ich nur ruhig schlafen kann, wenn die Schubladen geschlossen und die Rechnungen beglichen sind. Mein Gott. Ich bleibe stehen und merke plötzlich: Da sind noch so viele Rechnungen offen. Da ist noch so vieles unausgeglichen. Ich bin mit dem und jenem nicht im Reinen, ich bin mit mir selbst nicht im Reinen. Kann man das überhaupt? Gibt es je den Zeitpunkt, an dem du in Ruhe die Hände falten und sagen kannst: Ja. So. Jetzt.

Dein Lieb und Treu vor allem geht,
kein Ding auf Erd so fest besteht,
solch's muss man frei bekennen.
Drum soll nicht Not, nicht Angst, nicht Tod
von deiner Lieb mich trennen.

»Dein Lieb und Treu vor allem geht ...« Ich gehe in Gedanken noch einmal ums Quadrat, noch einmal einen Weg, der mir den Schlaf erleichtern soll. Ich nähere mich vorsichtig der zweiten Station meines Abendspaziergangs. »Hat mich der Kerl doch noch ... – aber nein, lass es jetzt. Das war.« Und dann stehe ich da, hebe den Kopf, sehe: Da sind noch andere. Andere Geschöpfe. Menschen, Bäume, Sterne. Häuser, in denen Menschen um den Arbeitsplatz bangen, um die Gesundheit wie ich. Menschen, sprachlos und hilflos wie ich. »Drum soll nicht Not, nicht Angst, nicht Tod von deiner Lieb mich trennen.« Ich stehe und staune. Da war doch auch Gutes an diesem Tag. Fast hätte ich es vergessen. Es zählt zu meinen schönsten Erlebnissen, wenn ich Menschen dabei entdecke, wenn sie still in sich hinein lächeln. Da muss also etwas gewesen sein, was dem Tag die Krone aufgesetzt hat. Was ihm im Rückblick einen Glanz verleiht. Fast hätte ich es vergessen, aber da war doch der Mensch, der sagte: Schön, dass es dich gibt. Ich möchte diese zweite Station nennen »Stehen und Staunen«. Vorher bist du auch stehen geblieben. Hast zurückgeblickt. Bist dabei erschrocken. Bist daran fast verzweifelt. Und jetzt stehst du und staunst. Da war doch etwas. Da war ein Blick, eine Geste. Da war etwas, an dem deine Hoffnung sich anbinden ließe wie ein Boot nahe am Ufer. Am Grund. Das muss doch einen Grund haben, wenn jemand mich anlacht und sagt: Schön, dass es dich gibt.

Dein Wort ist wahr und trüget nicht
und hält gewiss, was es verspricht,
im Tod und auch im Leben.
Du bist nun mein, und ich bin dein.
Dir hab ich mich ergeben.

Die Sonne ist untergegangen. Ein klarer Himmel. Noch leuchtet ihr Licht am Horizont in Violett, Rot, Orange. Immer matter werden die Farben. Immer weniger leuchtet der Abendhimmel. Auch wenn ich den Sonnenuntergang fotografiere – ich kann ihn nicht festhalten. Da waren heute schlimme Dinge und da waren gute Dinge. Und jetzt muss ich nach Hause gehen, ich muss den Weg zurückgehen. Dabei wird es immer dunkler. Bis zu diesem Baum, sage ich, dann drehe ich um. Oder bis zu diesem Geschäft oder bis zu diesem Fels. Auf dem Heimweg kenne ich mich aus. Ich weiß die Hindernisse, kenne die Umwege. Der Geruch ist mir vertraut, die Klänge, der Weg. Hier kann ich mich nicht mehr verlaufen. Hier weiß ich Bescheid. Hier – und das nenne ich die dritte Station unseres Abendspaziergangs – kann ich mich »der Nacht anvertrauen«. Hier erzählt jedes Haus eine Geschichte, die ich kenne. Jeder Name schreibt ein Buch, und jeder Busch weiß ein Lied. Das, was mich am Tag gestört haben mag, ist mir nun eine Orientierung. Die Geräusche, die Gerüche, selbst die Flüche aus den Häusern, die ich so gut kenne. Hier bin ich zu Hause. Nun kann ich mich der Nacht anvertrauen.

Nein, Gott ist nicht das, was ich mir einmal darunter vorgestellt habe. Aber ich ahne einen Heimweg, meine Schritte gehen schneller, sicherer, freier. Ja, da war vieles und manches Schlimme darunter. Aber je näher ich an Vertrautes komme, umso aufrechter gehe ich. Und fast ist es, als könnte ich genießen. Das kenne ich gar nicht von mir. Ich bin doch kein Fels und kein Riese. Ich bin doch nur die oder der. Doch nun atme ich frei. Ich bin da. Und mir ist alles vertraut. Nun kann ich die letzten Schritte sogar langsamer gehen, kann verweilen hier oder dort. Ich weiß ja: Hier bin ich zu Hause.

Der Tag nimmt ab. Ach schönste Zier,
Herr Jesu Christ bleib du bei mir,
es will nun Abend werden.
Lass doch dein Licht auslöschen nicht
bei uns allhier auf Erden.

Meine Hoffnung hat einen Namen, mein Verweilen hat einen Ort, meine Ruhe hat einen Grund: Herr Jesu Christ bleib du bei mir, es will nun Abend werden. Nun lass es Abend werden. Nun lass es gut sein. Was werden soll, wird werden. Morgen. Und ich weiß, morgen ist auch dein Tag. Morgen ist auch deine Sorge. Morgen. Ich möchte gerne dieser letzten Station unseres Abendspaziergangs auch einen Namen geben: Vielleicht den Namen »Ich will mich lösen vom heutigen Tag und will einem guten Morgen in die Arme hineinschlafen«. Ich weiß, das sind eigenartige Worte. Der Schlaf ist wichtig. Er begleicht, wenn er gelingt, alle Rechnungen des alten Tages. Er öffnet, wenn er gelingt, alle Türen zum neuen. Und dazwischen schenkt er uns Träume, Landkarten, Wegweiser, Lösungen. Nun lass mich nach Hause kommen, mich zur Ruhe begeben und darauf trauen, dass auf eine gute Nacht ein guter Morgen kommt.

Ich habe hinter mich geschaut und habe zurückgelassen. Ich bin stehen geblieben und habe über das – dennoch – Gute gestaunt. Ich habe mich der Nacht anvertraut. Ich löse mich. Lasse heute gewesen sein, vertraue mich dem Dunkel der Nacht an und bin bereit, dem neuen Tag kein »aber« entgegenzusetzen, eher ein vorsichtiges »Ja«.

Die Schönheit des Ankommens

Es ist schön anzukommen. Es ist großartig, den Menschen gefunden zu haben, bei dem man ein ganzes Leben bleiben möchte. Es ist beruhigend zu wissen, welcher Ort für die absehbare Zeit »Heimat« ist. Alten Menschen ist es wichtig zu wissen, wo sie begraben werden. Es ist wichtig, nach den vielen kurzen und nach der langen Reise anzukommen. Mir leuchtet der heute viel bemühte Satz »Der Weg ist das Ziel« nicht ein. Das riecht danach, als ob sich einer ziellos und blindlings auf den Weg machen würde. Mein Ziel ist es nicht, unterwegs zu sein. Mein Ziel ist es anzukommen. Mein ganzes Sinnen (»sinnan«, wir erinnern uns, war »der Weg«) ist darauf ausgerichtet anzukommen. Die Frommen nennen es »himmlische Heimat«, die Liebenden »Hafen der Ehe«, die Reisenden freuen sich auf »die eigenen vier Wände«. Ich kenne keinen, auch nicht den größten Wandervogel, der aufgebrochen ist und nicht eines Tages auch ankommen will.

Ich habe einen begeisternden Film gesehen über Lummen. Das ist eine Vogelart am Polarkreis. Sie nisten auf Felseninseln. Die Eier der Lummen sind stark konisch geformt, um zu verhindern, dass sie aus dem Nest rollen. Bedingt durch die sehr variable Färbung können die Eltern ihre Eier auch individuell erkennen. Im Gegensatz zu den meisten anderen Vögeln bauen Lummen kein Nest. Sie rollen ihr Ei auf die Füße und drücken es gegen die Körperunterseite.

Die geschlüpften Jungen können noch nicht fliegen. Doch der Winter kommt. Sie müssen weg, um nicht zu erfrieren. Einen Landweg gibt es nicht. Aus ihren Nestern machen sie sich auf an den Rand der Felsenklippen ihrer Geburtsinsel. 300 Meter geht es senkrecht hinunter ins Meer. Und sie können schwimmen, aber noch nicht fliegen. Instinktiv stürzen sie nach kurzem Zögern in die Tiefe. Was mich am meisten fasziniert hat: Auf diesem »Wahnsinnsweg« begleitet sie ihr Vater. Bis zur Landung. Sobald das Vogeljunge sich ins Nichts stürzt, fliegt er hinterher, mal oben, mal unten, mal vorne dran. Er gibt Geleit. So etwas wie Nestwärme noch mitten im Sturzflug. Unsanft fallen die Jungen ins Meer. Aber es geht gut. Dann schwimmen sie gemeinsam in wärmere Gefilde. Und dort erst lernen die Jungen fliegen.

Das ist die Großartigkeit des begleiteten Unterwegsseins. Doch der Lummenvater nimmt die ganze Strapaze nur auf sich, damit das Kind seine Heimat findet. Das ist nicht die Felseninsel im Polarkreis. Die Heimat ist das Meer.

Kann nur der, der eine Heimat hat, echt reisen? Kann nur der, der reist, echt Heimat beschreiben?

Ich kann nur für mich sprechen. Ich mag an diesem Punkt konservativer sein als andere, kleinkarierter und sentimentaler. Die Reisenden, die zu uns ins Haus kamen, haben mich ohne Ausnahme beneidet. Da war ein Dach über dem Kopf, ein Garten, eine Familie, ein Ort, an dem man mich schätzte. Da waren Menschen, die meine Fehler kannten und ertrugen, denen ich meine Stärken nicht beweisen musste, die sich über meine Zweifel nicht entsetzten. Hier finde ich auch ohne künstliches Licht Brot und Wein. Hier redet man mir nicht nach dem Mund, aber hier spricht man meine Sprache. Hier wohnen unsere Freundinnen und Freunde. Hier ist nicht alles Gold, was glänzt. Aber hier erkenne ich die Kirchen am Geläut der Glocken, die Felder am Geruch, die Wege an den Unebenheiten und die Menschen am Klang ihrer Stimme. Ich gehöre zu den Menschen, die immer wieder gerne von Reisen zurückkommen. Drei, höchstens vier Wochen, dann reicht es. Dann ist es keine Erholung mehr, dann beginnt Entfremdung.

Es sind die Menschen. Es ist die Sprache. Du sagst »Währungsreform« – und die Älteren wissen, was gemeint ist. Du sagst »KSC« und »VFB«, und die Jungen verwechseln das nicht mit einer Fernsehgesellschaft oder einer Versicherung. Du sagst Luise Rinser, und wenigstens einige haben ihre Gedichte gelesen. Oder Weizsäcker, und die kennen den Physiker und seinen Bruder, den früheren Präsidenten. Oder Bonhoeffer, und ihnen fällt zumindest ein: »Von guten Mächten wunderbar geborgen« – und dass sie ihn umgebracht haben, damals, kurz vor Kriegsschluss. Du nimmst die Gitarre und singst ein Lied, und sie summen zumindest mit.

Es gibt irgendwo in den USA ein Ehepaar, das mir jedes Mal, wenn ich auf der »Deutschen Welle Köln« ein »Wort zum Sonntag« spreche, einen Brief schreibt. Sie erzählen, wie sehr sie das Glockengeläut schätzen und wie sehr es sie berührt, dass da weltweit der Name ihrer Heimatstadt genannt wird. Es ist nun Jahrzehnte her, dass sie dort Heimat gefunden haben, wo sie heute leben. Ich habe die Bilder ihres Hauses gesehen, weiß von Vereinen, in denen sie mitwirken. Und doch, der Name »Heimat« ist besetzt. Man mag das abtun oder auch kritisieren. Nach meiner Erfahrung ist nicht der Weg das Ziel. Es geht nichts über die Erfahrung des Ankommens. Ja, überhaupt scheint mir der Sinn des Reisens darin zu bestehen anzukommen. Warum sollte ich mich sonst auf den Weg machen?

Mir ist und bleibt es das größte Glück, mit einem dicken Bündel an Erfahrungen und ohne schlimmeren Schaden dort angekommen zu sein, wo man mich ehrlich erwartet. Wo man sich freut, wenn ich komme. Und wo ich einen sicheren Hafen habe, von dem aus neue Reisen Sinn machen.

Ja, für mich stimmt der widersprüchliche Satz: Damit ich reisen kann, muss ich angekommen sein. Und um anzukommen, muss ich reisen.

Gebetsnachweise

i Gerhard Engelsberger, Wir kommen auf Umwegen, Karlsruhe 1990
ii Gerhard Engelsberger, Gebete für Kasualgottesdienste und Amtshandlungen, Stuttgart 2003, S. 266
iii Gerhard Engelsberger, Gebete für Kasualgottesdienste und Amtshandlungen, Stuttgart 2003, S. 248

Impressum

Bibliografische Information der Deutschen Bibliothek:
Die Deutsche Bibliothek verzeichnet diese Publikation
in der Deutschen Nationalbibliografie;
detaillierte bibliografische Daten sind im Internet
über http://dnb.ddb.de abrufbar

Augustenstraße 124, 70197 Stuttgart,
Telefon 0711 – 60 100 0, Fax 0711 – 60 100 76
www.evanggemeindeblatt.de

Gestaltung und Satz: Katy Müller
Druck: Kösel, Krugzell

ISBN 3-7918-8001-2

In gleicher Ausstattung erschienen:

In der Bibel – unterwegs

Reisegeschichten

Damit ich reisen kann, muss ich angekommen sein.
Und um anzukommen, muss ich reisen.

Die Reise ist ein altes religiöses Bild für die Erfahrungen der Seele auf dem Weg zu sich selbst, zum Sinn des Lebens, zu Gott.

Reisende sind voller Erwartung, Neues, vielleicht sogar Besseres und Bereicherndes zu erfahren. Das gilt selbst für Menschen, die zum Reisen gezwungen sind. Viele Reisende kennt auch die Bibel, sie heißen Abraham und Sara, Mose, Jakob, Rut, Jona, die Heiligen Drei Könige oder Paulus. An ihnen und anderen biblischen Personen zeigt der aus dem Hörfunk bekannte Pfarrer und Publizist Gerhard Engelsberger, was Reisen bedeutet: Sich aufzumachen in die Fremde, sich Gott anzuvertrauen, ihm auf vielfältige Weise zu begegnen und reich gesegnet zu werden.

96 Seiten, Format 10,5 x 15,0 cm, Leinen, Flexcover

ISBN 3-7918-8000-4